Quiromancia
para principiantes

La quiromancia: fácil de aprender

No necesita ser psíquico, no tiene que prender incienso y velas, no debe usar un turbante, bufandas o toneladas de joyas, para ser un buen quiromántico. Este antiguo método de leer las características de la persona y su destino, es practicado a diario por miles de personas como usted.

Sin embargo, hasta ahora aprender este arte no ha sido fácil. El primer libro de quiromancia occidental fue escrito por Aristóteles para Alejandro Magno, y muchas de las publicaciones actuales sobre el tema se leen como fueron escritas en el pasado.

Por tal razón, el exitoso autor Richard Webster ha escrito *Quiromancia para principiantes*. Aquí, en un lenguaje sencillo, está una guía completa e ilustrada para leer la historia escrita en la palma de la mano de una persona. Desde los significados básicos de las líneas, hasta los detalles más finos, estas claras descripciones le mostrarán secretos reveladores y adivinarán el futuro.

Ya sea que tenga un interés serio o casual, esté preparado para una experiencia valiosa cuando se acerque a alguien y le diga, "¿me podría leer la mano?"

El autor

Richard Webster nació en Nueva Zelanda en 1946, lugar donde aún reside. Él viaja frecuentemente alrededor del mundo, dictando conferencias y conduciendo talleres sobre temas psíquicos. También ha escrito muchos libros sobre estos temas y además escribe columnas en revistas.

Richard está casado y tiene tres hijos. Su familia apoya su ocupación, pero su hijo mayor, después de observar la profesión de su padre, decidió convertirse en contador.

Quiromancia
para principiantes

Richard Webster

Traducido al idioma español por:
Héctor Ramírez y Edgar Rojas

2003
Llewellyn Español
St. Paul, Minnesota, 55164-0383, U.S.A.

PRIMERA EDICIÓN
Primera Impresión, 2003

Edición y coordinación: Edgar Rojas
Diseño de la Portada: Lisa Novak
Arte de la portada: Charlene Rendeiro
Ilustraciones del interior: Jeannie Ferguson
Diseño del Interior: Eila Savela
Traducción al idioma Español: Héctor Ramírez y Edgar Rojas

Biblioteca del Congreso. Información sobre esta publicación.
Library of Congress Cataloging-in Publication Data
Pendiente – Pending

Webster, Richard, 1946–

ISBN: 0-7387-0396-6

Llewellyn Español
Una división de Llewellyn Worldwide, Ltd.
P.O. Box 64383, Dep. 0-7387-0396-6
St. Paul, MN 55164-0383, U.S.A.
www.llewellynespanol.com

Impreso en los Estados Unidos de América

Dedicación

Para mi buen amigo Carl Hervon, dotado psíquico,
humorista, filósofo y editor de *The Path*.

Otros libros por Richard Webster traducidos al idioma Español

Tabla de contenido

Ilustraciones   *xi*

Introducción   *xiii*

1   La mano entera   1

2   Las líneas principales   29

3   Medida del tiempo en la mano   65

4   Líneas secundarias   79

5   Los dedos   93

6   Los montes   121

7   El cuadrángulo   135

8   Marcas en la mano   143

9   Marcas protuberantes en la piel   151

10 Salud, riqueza, amor y felicidad   169

11 Uniendo todo   183

12 Las impresiones palmares   201

13 Conclusión   205

Notas   *207*

Glosario   *211*

Lecturas sugeridas   *213*

Índice   *217*

Ilustraciones

1: Mano de tierra — 8

2: Mano de aire — 10

3: Mano de fuego — 11

4: Mano de agua — 13

5: Mano rudimentaria — 14

6: Mano práctica — 16

7: Mano espatulada — 17

8: Mano cónica — 19

9: Mano psíquica — 20

10: Mano filosófica — 21

11: Mano combinada — 23

12: Los cuatro cuadrantes — 25

13: Línea del corazón física — 32

14: Línea del corazón mental — 33

15: Línea del corazón terminando debajo del dedo índice — 35

16: Línea del corazón terminando debajo del dedo medio — 36

17: Línea del corazón terminando entre los dedos índice y medio — 37

18: Línea de la cabeza no imaginativa — 40

19: Línea de la cabeza imaginativa y creativa — 42

20: Bifurcación del escritor — 43

21: Línea de la cabeza con un claro torcimiento al final — 44

22: Línea de la cabeza unida a la línea de la vida — 45

23: Espacio entre las líneas de la vida y de la cabeza al comienzo — 46

24: La línea de la vida atravesando bien la palma — 48

25: La línea de la vida que rodea el pulgar   49

26: Línea hermana   52

27: Líneas de preocupación   53

28: Cuadrado protector   55

29: Línea del destino   57

30: Línea del destino comenzando lejos
     de la línea de la vida   61

31: Medida del tiempo usando la línea del destino   68

32: Medida del tiempo usando la línea de la cabeza   70

33: Medida del tiempo usando la línea de la vida   72

34: Líneas secundarias   80

35: Pliegue símico   90

36: Líneas de agotamiento y estrés   98

37: Dedos dispuestos en forma de arco
     (persona bien balanceada   101

38: Dedos dispuestos en forma de arco angular
     (falta de confianza)   103

39: Dedo de Júpiter con la misma longitud
     que el dedo de Apolo   107

40: Las tres falanges del pulgar   117

41: Pulgar de asesino   119

42: Los montes   123

43: El cuadrángulo   137

44: Marcas en la palma de la mano   145

45: Los tres principales tipos de patrones
     de las huellas dactilares   153

46: Trirradio   157

47: Patrones de lazos   161

48: Indicaciones de dinero en la palma   173

49: Impresión uno   187

50: Impresión dos   196

Introducción

La quiromancia es uno de los más antiguos artes esotéricos. Las personas se han fascinado con las manos desde el comienzo de los tiempos. Hay impresiones de palmas en las partes más profundas de las cuevas de Santander en España, que muestran lo importante que eran las manos para la gente en la edad de piedra.

El momento más importante de la evolución humana ocurrió cuando el hombre empezó a pararse derecho. Esto significaba que las manos, que hasta entonces habían sido usadas como pies delanteros, ahora podían emplearse para otros propósitos. De hecho, se convirtieron en una extensión de la mente humana. Fue ocupado más espacio en el cerebro para las diferentes actividades de nuestras manos que para cualquier otro órgano del cuerpo. Es fascinante ver cómo los bebés recién nacidos interactúan con el mundo usando las manos. Incluso algo tan simple como tocar debe ser aprendido.

El cerebro envía mensajes a las manos, dándoles instrucciones para que desarrollen un número de tareas complejas. Muchas de estas tareas han tenido que ser aprendidas en principio, pero se vuelven automáticas tan pronto como son dominadas. Escribir con un lapicero es un buen ejemplo de esto. Las manos también envían información al cerebro. Si alguna vez ha tocado algo caliente, sabrá exactamente lo rápido que es transmitida la información al cerebro. En algún momento la gente se dio cuenta que cada mano era diferente, y de este descubrimiento surgió la quiromancia. El hecho de que no hay dos manos iguales debe haber intrigado a los primitivos. Una explicación de esto puede ser encontrada en la Biblia: "Selló la mano de todo hombre, para que los hombres todos reconozcan su obra" (Job 37:7).[1]

El hombre primitivo también pudo hacer uso práctico de esta información. La impresión del pulgar y las huellas dactilares se utilizaban en lugar de firmas. En China, hay numerosos ejemplos de papeles importantes que han sido "firmados" con la impresión del pulgar del emperador.

Hace 2.600 años, Aristóteles escribió un libro sobre quiromancia para Alejandro Magno, y nada en ese libro es cuestionado por un quiromántico moderno. Por consiguiente, los principios básicos de la quiromancia existen desde hace mucho tiempo.

La quiromancia ha tenido una historia muy variada. En algunas épocas ha sido venerada, mientras en otros períodos fue considerada obra del demonio. Desafortunadamente, diferentes supersticiones fueron adicionadas a la quiromancia a través de los años, y éstas hicieron que muchas personas desacreditaran el tema sin evaluarlo a profundidad.

La quiromancia fue tratada por primera vez de manera científica en Francia durante el siglo XIX. Un hombre llamado Adolphe Desbarrolles la investigó con la intención de refutarla. Sin embargo, sus estudios lo convencieron de la validez del asunto, y finalmente escribió un monumental libro de quiromancia.[2]

En la misma época, un oficial del ejército retirado, llamado Stanislas d'Arpentigny, descubrió un hecho extraordinario. Se había hecho amigo de una pareja que solía hacer fiestas regularmente. Encontró que la mayoría de los invitados en las reuniones organizadas por el esposo, tenían manos cortas y embotadas. Los invitados que iban a las veladas de la esposa, tenían manos proporcionadas, delgadas y con dedos largos.

D'Arpentigny empezó a estudiar la quiromancia y desarrolló un sistema de clasificación de manos que es usado por muchos quirománticos actualmente. También escribió un libro sobre el tema.[3]

En 1900, William Benham, un norteamericano, publicó su monumental libro *The Laws of Scientific Handreading*. En este trabajo, él explicó cómo leer las palmas científicamente. Hasta entonces, la mayoría de personas creía que se debía ser psíquico para leer la mano.

Desde entonces, un número de personas ha seguido sus pasos. Los psicólogos se interesaron en qué tan precisa era la quiromancia para revelar el carácter, y muchos libros se han escrito desde una perspectiva psicológica. El primero de ellos fue publicado en 1848 por el doctor Carl Gustav Carus, quien era el médico personal del rey de Sajonia. Su libro, (*Die Symbolik der Menschlichen Gestalt und Ueber Grund und Bedeutung der Verschiedenen Formen der Hand*) relacionó los dedos de la mano con la mente consciente de la persona, y la palma con la subconsciente.

Desde el final de la II Guerra Mundial, el Kennedy-Galton Center, adjunto a la Universidad de Londres, ha estado estudiando las palmas científicamente, usándolas para determinar la predisposición de las personas a ciertas enfermedades.

Desde luego, nada puede ser más importante que la salud, y es emocionante que los científicos de nuestros días estén probando lo que los quirománticos han sabido durante miles de años.

Me interesé por primera vez en el tema siendo un niño. Solía visitar regularmente a una vecina que era excelente cocinera. Yo era un ávido lector y quedé fascinado al descubrir que ella y su esposo tenían una gran biblioteca en la casa. Me sentaba durante horas, comiendo los pasteles de pan y las tortas que preparaba mi vecina, y observando los libros en todas las paredes.

Un día vi una gran sección de libros de quiromancia. Éstos pertenecían a su esposo, quien era quiromántico. En esa época la lectura de las manos era ilegal en Nueva Zelanda, y él solía hacer su trabajo secretamente. Creo que lo entretenía tratar a un niño que mostrara interés en ese tema, y me enseñó algunas bases de la quiromancia. Yo iba a la escuela y examinaba las palmas de los otros estudiantes, pero no tomé el asunto seriamente hasta que llegué a la pubertad y descubrí que era una maravillosa forma de conocer chicas.

Desde entonces, he leído miles y miles de manos. Me he ganado la vida con este arte en varios países. Durante algunos años hice lecturas rápidas en centros comerciales y veía cientos de palmas cada semana. En un tiempo conduje reuniones y demostraciones de lectura de la mente en las casas de la gente. La parte más emocionante de estas noches, según los invitados, era la lectura palmar privada que recibían después de la demostración.

La quiromancia ha sido muy buena para mí, y estoy agradecido por las oportunidades que me ha dado a través de los años. Sigo tan entusiasta por la quiromancia como cuando era un adolescente, y espero que usted adquiera parte de ese entusiasmo mientras lee este libro.

1

La mano entera

No necesita examinar las líneas de la palma para leer una mano. Puede decir mucho acerca de una persona con sólo observar la forma, elasticidad, color y textura de su mano.

Manos mayores y menores

Todos tenemos dos manos y, según la quiromancia, se describen como palma mayor y menor. La mano mayor es la mano predominante. Si usted es derecho, esa será su mano primaria, y si es zurdo, será la izquierda.

Tradicionalmente, la mano mayor registraba lo que la persona hacía con su vida, mientras la menor revelaba las habilidades, talentos y cualidades con las que nació. Sin embargo, aunque hay algo de verdad en esto, no cuenta la historia completa.

Las manos cambian a medida que avanzamos en la vida. Incluso la mano menor cambia, y este no sería el caso si sólo mostrara lo configurado al nacer. Por consiguiente, considero que la mano mayor revela lo que la persona está haciendo, mientras la menor muestra lo que piensa. Es un mapa de potenciales, pero cambia para reflejar lo que la persona quiere hacer. Esto a su vez puede ser distinto a lo que la persona está haciendo en su vida cotidiana.

Por consiguiente, debe examinar ambas manos cuando haga una lectura palmar. Cuando hago lecturas rápidas, observo sólo la mano mayor, pero siempre examino las dos al desarrollar una lectura formal.

Textura de la piel

Es fácil determinar la textura de la piel de una persona observando el dorso de la mano. La textura es la calidad de la piel, y puede oscilar de fina y lisa a áspera y burda.

La textura de la piel revela cuán refinada es la persona. Alguien con una textura cutánea muy fina y sedosa como la de un bebé, será sensible, amable y fina. Esta persona tiende a perturbarse con facilidad.

A la inversa, alguien con piel áspera será más tosco y práctico, y menos impresionable. Él o ella será franco y directo.

La textura de la piel le dará una pista inmediata de cómo se desempeña la persona en la vida. Por ejemplo, sería difícil imaginar a alguien con manos ásperas vendiendo obras de arte. Sin embargo, a esta persona le podría ir muy bien vendiendo material de ingeniería.

Consistencia

Podemos obtener mucha información estrechándole la mano a alguien. Una persona que tome su mano con un apretón firme, transmite una mejor impresión que quien ofrece una mano fría y sin vida.

Después que haya determinado la textura cutánea del dorso de las manos, voltéelas y suavemente presione las palmas. La consistencia es determinada por el grado de elasticidad en la mano. Varía desde muy dura a blanda y esponjosa.

Las personas que tienen manos blandas y esponjosas buscan el placer sensual y hacen el mínimo trabajo posible. Funcionan mejor en entornos cómodos, donde puedan soñar despiertos y holgazanear.

Las personas con manos más firmes y resistentes son prácticas, enérgicas y trabajadoras. Disfrutan los desafíos y necesitan mantenerse ocupadas para estar felices.

Flexibilidad

La flexibilidad de la mente de una persona es determinada por la flexibilidad de la palma de su mano. Las personas con manos de este tipo se adaptan con facilidad y pueden ajustarse al cambio de circunstancias. Quienes tienen manos rígidas son inflexibles y tercos.

Para determinar la flexibilidad de la mano, pongo el dorso de ella sobre mis dedos, mientras presiono las yemas de sus dedos con mi pulgar. Algunos tienen manos que se sienten como bloques de madera, mientras otros se doblan hacia atrás y casi crean un ángulo recto. La mayoría de manos está entre estos dos extremos.

Color

El color de la mano da pistas valiosas acerca de la salud y el temperamento del individuo. Los colores de las manos cambian dependiendo de la temperatura. Es probable que las personas sientan frío si las manos parecen azules. Pueden haber sido expuestos a bajas temperaturas. Sin embargo, hay una interpretación quiromántica si la temperatura de la habitación es normal, pero las manos de la persona permanecen con un matiz azulado.

Es probable, por ejemplo, que las personas con manos blancas sean anémicas. Esto origina una falta de vitalidad y energía. Tales personas son insensibles y egoístas; fácilmente se molestan y ponen de mal humor. Son autosuficientes, idealistas y frías.

Las manos con matiz amarillento describen individuos con una visión del mundo un poco adversa. Las manos azuladas muestran una mala circulación sanguínea.

Las manos con un matiz rosado claro, son consideradas normales en personas de descendencia europea. Esta es una buena señal, y muestra que el individuo es amoroso, agradecido, comprensivo y solidario.

Las manos rojas pertenecen a personas con mucha energía. Es importante que esta energía sea usada sabiamente. Estas personas se enojan con facilidad. A veces, el color es visible en sólo parte de la mano. Cuando esto ocurre, hay más energías en esa área de la palma.

La forma de la mano

Hay varias formas de clasificar la mano, pero la más simple es determinar si la palma es cuadrada o rectangular.

Palma cuadrada

Estas personas son prácticas y capaces. Disfrutan los desafíos y están preparadas para trabajar duro y por un largo tiempo, cuando sea necesario, para alcanzar sus objetivos. Tienen mucha energía y resistencia.

Palma rectangular

Estas son las manos que aman los artistas. Son largas y bien formadas, pero mucho menos prácticas que las cuadradas. Las personas con estas palmas disfrutan proponer ideas, pero a menudo parecen producto de soñar despierto y rara vez son puestas en acción. Tales personas son creativas, idealistas y amables.

Lo anterior divide toda la raza humana en dos categorías. Podemos duplicar esto examinando los dedos y clasificándolos como cortos y largos. Es fácil determinar si los dedos son cortos o largos en proporción a la palma, pero en ocasiones puede ser difícil decidir. Si este es el caso, pídale a la persona que doble los dedos sobre la palma. Si se extienden cubriendo más de la mitad de la palma, son considerados largos. Pero incluso esto no es perfecto, ya que algunas personas tienen manos y dedos más flexibles que otras. Si es imposible determinar si los dedos son largos o cortos en proporción a la palma, se considerarán de longitud media.

Dedos cortos

Los individuos con dedos cortos aprenden con rapidez y se impacientan con quienes hacen lo contrario. Les gusta entrar, realizar el trabajo y salir de nuevo lo más pronto posible. Disfrutan estar ocupados y pueden enfrentan diferentes tareas al mismo tiempo. A menudo son mejores para iniciar cosas que para terminarlas. Prefieren la visión general, de conjunto, y no disfrutan los detalles.

Dedos largos

Los individuos con dedos largos disfrutan el trabajo que es detallado y complicado. Son pacientes y les gusta tomar el tiempo necesario para terminar una tarea correctamente. Disfrutan finalizar lo que inician. Son concientes, responsables, y prefieren llegar al fondo de las cosas para entender lo que las hace funcionar.

Dedos medianos

Muchas personas tienen dedos que no son largos ni cortos, y tienen una mezcla de cualidades relacionadas con los dos. Por consiguiente, pueden ser pacientes en ocasiones, pero impacientes en otros momentos. Son personas concientes y responsables la mayor parte del tiempo, pero pueden hacer un trabajo a medias si no les atrae mucho.

El solo conocimiento de la longitud de los dedos puede ser útil para usted en su vida cotidiana. Si tiene que hacer fila en un banco, trate de escoger una que esté a la espera de un cajero con dedos cortos. Esa fila se moverá más rápidamente que la de un cajero con dedos largos que deseará revisar todo dos veces. El de dedos cortos tratará de manejar a los clientes lo más rápido posible y se preocupará por balancear la caja registradora al final del día.

Sin embargo, también habrá ocasiones en que preferirá tratar con una persona que ponga atención a los detalles. En este caso, seleccione a alguien con los dedos más largos que pueda encontrar.

Clasificación de la mano

Ahora tenemos cuatro combinaciones posibles: una mano cuadrada con dedos cortos, una cuadrada con largos, una rectangular con cortos y una rectangular con dedos largos. Estos cuatro tipos pueden ser relacionados con los cuatro elementos: tierra, aire, fuego y agua.

Mano de tierra

Este tipo de mano es cuadrada y tiene dedos cortos (figura 1). Estas manos puede tener pocas líneas pero a su vez están bien marcadas. Estas personas siempre están ocupadas y disfrutan hacer cosas con sus manos. Son prácticas, cuidadosas, sólidas y dignas de confianza. Sin embargo, también pueden ser impacientes, recelosas, críticas y fácilmente provocadas. Disfrutan los espacios al aire libre y estilos de vida tranquilos, lejos del vaivén de las grandes ciudades. Les gusta la sensación de la tierra y trabajar con ella de alguna forma. Por lo general están libres de estrés y toman la vida tal y como llega. Esta filosofía les puede proporcionar buena salud y vidas largas y fructíferas.

Mano de aire

Una mano de aire consiste en una palma cuadrada y dedos largos (figura 2). Son ingeniosos, innovadores, prácticos y pensativos. Son concienzudos, buenos con los detalles, y necesitan constantes desafíos. La mano de aire pertenece a alguien más intelectual que una persona con mano de tierra. A pesar de este énfasis en lo intelectual, tales individuos también poseen una fuerte intuición. Pueden decidir rápidamente, usando una combinación de lógica y sentimiento. Disfrutan expresarse y es fácil congeniar con ellos.

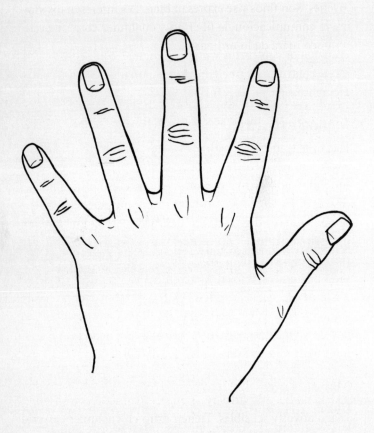

Figura 1: Mano de tierra

Tienen una naturaleza curiosa que los mantiene siempre jóvenes. Son finos y se expresan bien. Les interesan los viajes, la comunicación, la libertad y cualquier cosa que esté un poco fuera de lo ordinario.

Mano de fuego

Es una palma rectangular y dedos cortos (figura 3). Estos individuos son imaginativos, entusiastas, versátiles e impacientes. Tienen grandes ideas, pero necesitan evaluarlas con cuidado para asegurar que son prácticas, antes de empezar a desarrollarlas. Son mejores para la "brocha gorda" que para los finos detalles, y a menudo pierden el interés antes que la tarea sea terminada. La naturaleza cambiable que tienen puede a veces ser frustrante para otras personas, pero pueden tomar el liderazgo con su energía y emoción. Son generosos y sociables. Ellos necesitan estar ocupados para sentirse bien. No durarían mucho tiempo en una ocupación que fuera demasiado simple o aburridora.

Mano de agua

Es una palma rectangular con dedos largos (figura 4). Es la forma apreciada por los artistas, pero no es muy práctica en la vida diaria. Sus vidas ricas emocionalmente, y son muy imaginativos y sensibles. Tienen éxito en cualquier carrera que involucre creatividad y un gran sentido estético. Son idealistas y suelen sentirse defraudados por las acciones de personas con manos diferentes. Son receptivos, variables e impresionables. Son comprensivos y tienen gran amor por todas las cosas vivientes. Dan la impresión de estar calmados y en control, pero interiormente sufren de tensión nerviosa y preocupaciones.

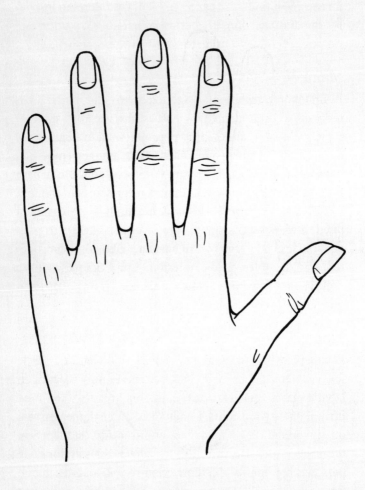

Figura 2: Mano de aire

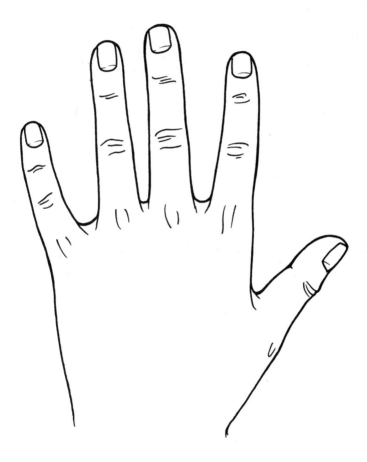

Figura 3: Mano de fuego

Este sistema de clasificación es el más útil en la actualidad, ya que todo el mundo puede ser ubicado en uno de los cuatro grupos. Sin embargo, el sistema que desarrolló d'Arpentigny en el siglo XIX, que clasificaba a las personas en siete grupos, todavía está siendo utilizado. Le será útil conocer algo acerca de él. Este fue el sistema que me enseñaron originalmente, y en ocasiones aún clasifico mentalmente a las personas en una de estas categorías. No obstante, el sistema de clasificación de los cuatro elementos es el que uso la mayor parte del tiempo.

Mano rudimentaria

La mano rudimentaria es un tanto mal formada en apariencia (figura 5). La palma es cuadrada y los dedos cortos, gruesos y relativamente sin forma. La piel es burda y el dorso con frecuencia es velludo. La palma tiene pocas líneas, a veces sólo dos o tres. Estos individuos son tercos y encuentran difícil expresarse con palabras. Toman la vida como llega, viviendo el día y haciendo pocos planes para el futuro. Estas personas son buenas con sus manos y a veces pueden ser muy creativas.

Esta mano era común en la época en que d'Arpentigny desarrolló su sistema. Él encontró muchos campesinos con manos rudimentarias. En la actualidad cada vez son menos comunes y, en la práctica, pocas veces encontrará una verdadera mano de este tipo.

Mano práctica

La mano práctica también tiene una palma cuadrada, pero los dedos son más largos y mejor formados que los de la mano rudimentaria (figura 6). d'Arpentigny llamaba a la

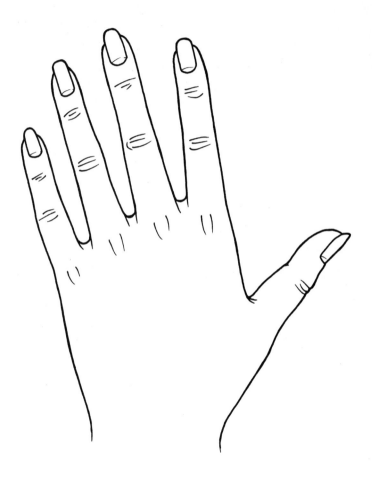

Figura 4: Mano de agua

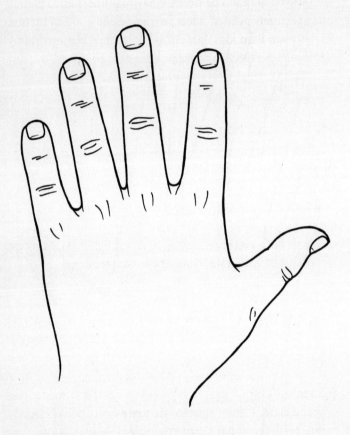

Figura 5: Mano rudimentaria

mano práctica "cuadrada o útil". Aquí la piel no es tan burda como en la mano de tierra, y hay más líneas en la palma. Estas personas pueden hacer lo que deseen con sus manos. Por eso son llamadas "prácticas". Respetan la autoridad y tienen una perspectiva conservadora. Son conformistas, disciplinados y previsibles que mantienen los pies sobre la tierra. Son cautelosos, dignos de confianza y ordenados.

Mano espatulada

Es similar a la mano práctica, pero las yemas de los dedos se asemejan a espátulas y se abocinan en los extremos (figura 7). D'Arpentigny las llamaba manos "espatuladas o activas". Estas personas son enérgicas, persistentes e independientes. Están preparados para trabajar duro, siempre que sus esfuerzos sean recompensados. A veces son derrochadores, y prefieren cantidad por calidad en todas las cosas.

Mano cónica

La mano cónica es elegante, curvada y de apariencia atractiva (figura 8). La palma es ligeramente rectangular, y los dedos son largos con yemas redondeadas. La palma es propensa a sentirse carnosa. Estos individuos son creativos, estéticos y quieren un mundo perfecto. No les gusta la vulgaridad de ninguna clase. Tienen el deseo de tener éxito, pero generalmente prefieren soñar despiertos acerca de sus triunfos, en lugar de emprender el duro trabajo que es necesario para cualquier logro.

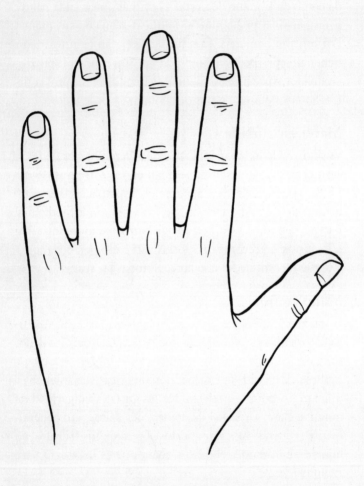

Figura 6: Mano práctica

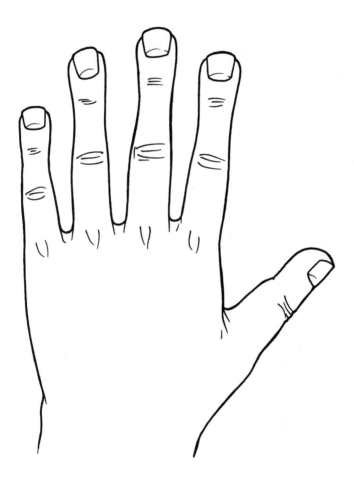

Figura 7: Mano espatulada

Mano psíquica

La mano psíquica es larga, delgada y elegante (figura 9). Es muy atractiva pero en esencia poco práctica, ya que quienes la poseen pasan gran parte de su tiempo en un mundo de fantasía, escapando de las realidades de la vida. Estas personas son idealistas y sumamente intuitivas. También son sensibles, amorosas y fácilmente heridas. La mano psíquica es una forma extrema de mano de agua.

Mano filosófica

La mano filosófica es de forma casi cuadrada y tiene dedos largos con articulaciones poco sutiles (figura 10). Por tal razón, estas manos a menudo son llamadas "nudosas". Estos individuos analizan todo cuidadosamente antes de actuar. En mis clases solía decir a los estudiantes que hicieran entrar los pensamientos a través de las yemas de los dedos, alcanzando la primera articulación y girando una y otra vez antes de pasar a la segunda articulación donde el proceso es repetido. Por consiguiente, en el momento en que el pensamiento llega a la palma, ya ha sido minuciosamente analizado. Las personas con manos filosóficas quieren saber el porqué detrás de todo, y prefieren averiguar las cosas por sí mismas. Estos individuos siguen sus propias ideas y no les importa lo que otros piensen sobre ellos. Por lo tanto, usualmente son inortodoxos y a menudo excéntricos.

Mano combinada

El problema con el sistema de d'Arpentigny era que no todos encajaban en una de sus clasificaciones. Por consiguiente, tenía una mano combinada, que era usada por

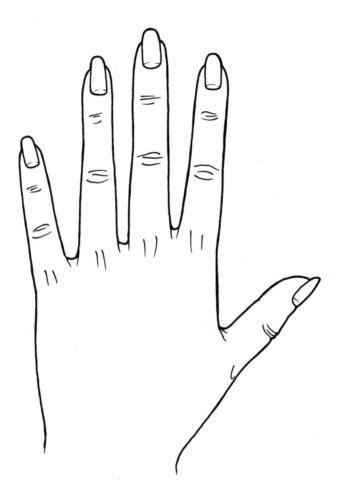

Figura 8: Mano cónica

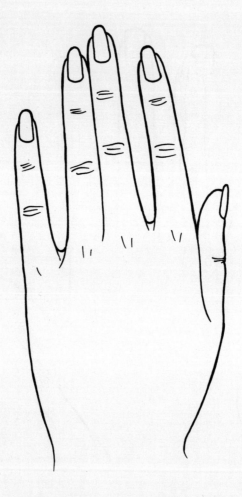

Figura 9: Mano psíquica

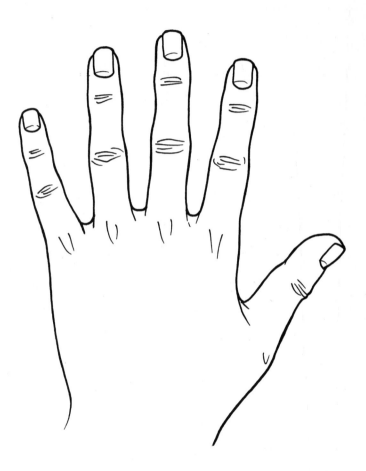

Figura 10: Mano filosófica

quienes no tuvieran manos rudimentarias, prácticas, cónicas, psíquicas o filosóficas (figura 11).

Muchas manos son una mezcla de dos, tres o incluso cuatro de los tipos de D'Arpentigny. La palma podría ser práctica, pero tener dedos psíquicos con articulaciones prominentes (filosóficas).

En la práctica, los únicos tipos verdaderos que usted probablemente encontrará usando el sistema de d'Arpentigny, son personas con manos cónicas o filosóficas.

Hay más sistemas de clasificación de manos. Desbarrolles, por ejemplo, las dividió en tres grupos, basado en gran parte en la forma de las yemas de los dedos. Ningún sistema es perfecto. D'Arpentigny tuvo que introducir una mano "combinada" para clasificar las formas que no encajaban en los otros tipos. En la década de los cincuenta, George Muchary inventó un sistema que dividía a las personas en ocho grupos.[1] Es interesante experimentar con los diferentes sistemas, pero el primero que tratamos (tierra, aire, fuego y agua) es el que he encontrado más útil y fácil de usar.

Los cuatro cuadrantes

La mano puede ser dividida en cuatro secciones por dos líneas imaginarias (figura 12). La primera pasa por la mitad del dedo medio y continúa hasta la muñeca. Esto divide la mano en dos mitades. La mitad que contiene el pulgar es la parte dirigida al exterior, y se relaciona con lo que hacemos en el mundo. La otra mitad está dirigida al interior y está asociada con nuestros pensamientos.

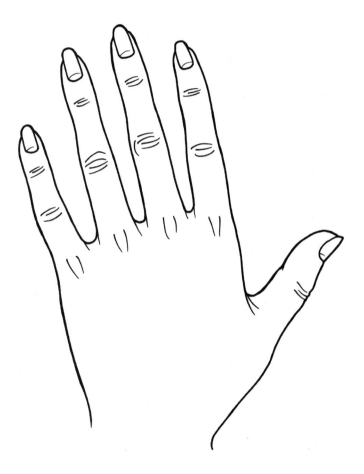

Figura 11: Mano combinada

La segunda línea imaginaria empieza bajo el pulgar, a medio camino entre la base de los otros dedos y la muñeca. Es una línea horizontal que atraviesa la palma, bisecando la primera línea imaginaria. La mitad de la mano que abarca los dedos se relaciona con actividad, mientras la otra mitad es más receptiva y pasiva.

Estas dos líneas crean cuatro cuadrantes: el activo-exterior, activo-interior, pasivo-exterior y pasivo-interior. A menudo, cuando observe una palma, notará que uno de estos cuadrantes es más prominente que los otros. Esto puede ser sólo una impresión, pero otras veces es obviamente más desarrollado que los demás cuadrantes. Si todos los cuadrantes parecen ser iguales, la persona se las ha arreglado para equilibrar con efectividad las diferentes áreas de su vida.

Cuadrante activo-exterior

El cuadrante activo-exterior comprende la parte superior del pulgar, el índice y la mitad del dedo medio. Esta área se relaciona con los objetivos y aspiraciones de la persona. Si este cuadrante es prominente, la persona pensará mucho y trabajará duro para alcanzar sus metas. Será entusiasta, enérgica, persistente e impaciente.

Cuadrante pasivo-exterior

El cuadrante pasivo-exterior comprende la parte inferior del pulgar y el montículo justo debajo de él (monte de Venus). Este cuadrante tiene que ver con la resistencia física y la sexualidad. Cuando esta área se encuentra bien desarrollada, la persona tiene mucha energía y resistencia, además de un fuerte deseo sexual. A la inversa, si el área está menos

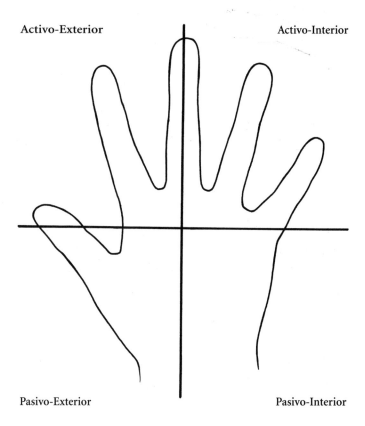

Figura 12: Los cuatro cuadrantes

desarrollada que los otros cuadrantes, la persona tendrá poco interés en actividades físicas y carecerá de entusiasmo y energía.

Cuadrante activo-interior

El cuadrante activo-interior comprende los dedos anular y meñique, más la mitad del dedo medio. Cuando esta área es prominente, la persona se interesa en el aprendizaje y las artes, y le atrae poco el éxito mundano.

Cuadrante pasivo-interior

El cuadrante pasivo-interior ocupa el área conocida como el monte de la Luna, y es el cuarto de la palma que está directamente frente al pulgar. Este cuadrante se relaciona con el subconsciente creativo. Cuando está bien desarrollado, la persona es imaginativa, intuitiva y sensible. Es probable que esté involucrada en alguna forma de creatividad.

Palmas carnosas

Al observar las manos de las personas, rápidamente notará que unas parecen ser más carnosas o rellenas que otras. En algunos casos, la palma se sentirá casi esponjosa al tacto. Los individuos con palmas carnosas disfrutan los lujos y en ocasiones se dan demasiada buena vida. Quienes tienen palmas que se sienten duras al tacto, están menos interesadas en saciarse de esta forma, y pueden permanecer lejos de diferentes placeres si en el momento otras cosas parecen más importantes. Los que tienen palmas firmes al tacto, pueden resistir mejor los altibajos de la vida que quienes tienen palmas carnosas.

Manos burdas y finas

Los callos causados por trabajo físico duro no crean manos burdas. Éstas son las que tienen poros en la piel muy evidentes, que a menudo son más visibles en el dorso de la mano que en la palma. Las personas con manos burdas tienen instintos animales y son felices si sus necesidades básicas están siendo satisfechas. También son muy insensibles.

Las personas con manos finas son más estéticas y cultas. Aprecian las cosas bonitas, y quieren que sus entornos de hogar y trabajo sean lo más agradables y atractivos posibles.

Vello

Una pequeña cantidad de vello es deseable en el dorso de la mano del hombre y denota masculinidad. Una gran cantidad de vello revela a alguien con fuertes deseos físicos que deben ser cumplidos para que el individuo esté feliz.

Tamaño

El tamaño de las manos denota lo que la persona quiere hacer con ellas. Curiosamente, quienes tienen manos grandes disfrutan trabajar con cosas pequeñas y detalladas. Las manos más grandes que he visto eran las de un hombre que gozaba de una reputación mundial como relojero. Las personas con manos pequeñas prefieren hacer cosas a gran escala y desean emprender grandes proyectos.

La postura de la mano

Usted puede saber mucho con la forma en que alguien le ofrece las manos. Si la mano es mostrada con todos los dedos tocándose, la persona es cautelosa y probablemente carece de confianza. Si la mano es expuesta con los dedos bien separados, es probable que la persona sea extrovertida, entusiasta y no tenga nada que esconder. Será mucho más segura de sí misma que alguien que muestra sus manos con los dedos juntos.

A menudo, las personas le mostrarán las manos con los dedos bien abiertos, pero al iniciar la lectura sus palmas gradualmente se cerrarán. Esto muestra que les preocupa que usted conozca demasiado sobre ellas mirando las palmas.

La mayoría de personas cree que la quiromancia tiene que ver sólo con las líneas de la mano. Como puede ver, este no es el caso, y puede saber mucho con el tamaño y la forma de las manos. En el siguiente capítulo empezaremos a ver las líneas de la palma.

2

Las líneas principales

Hay cuatro líneas principales en la mano: la línea del corazón, de la cabeza, de la vida y del destino. Juntas, muestran un vivo cuadro de la vida del individuo.

La línea del corazón revela la vida sentimental y emocional de la persona, así como su energía emocional.

La línea de la cabeza revela cómo piensa el individuo y muestra energía mental.

La línea de la vida del individuo muestra cuánto disfruta de su existencia y qué tan apasionado es respecto a ella. Revela energía física.

La línea del destino da un sentido de propósito a la vida de la persona. Muestra que tiene algo porqué vivir, y brinda la motivación y dirección necesarias para tener éxito.

La interacción de estas cuatro líneas muestra cómo el individuo está usando sus sentidos emocional, mental y físico. Las cuatro deberían ser claras, bien marcadas y profundas, pero esta es la excepción y no la regla.

Hace muchos años, en la India, vi las palmas de un hombre que había estado inconsciente más de un año. Todas las líneas habían desaparecido, y la mano se veía vacía. En la práctica, de vez en cuando, encontrará personas con sólo tres líneas en sus manos (la del corazón, la cabeza y la vida). Quienes tienen sólo dos líneas tendrán la del corazón y la cabeza interconectadas. Esto se conoce como pliegue símico, y lo trataremos más adelante.

Entre menos líneas tenga la persona en su mano, más fácil es su vida. Esto se debe a que la mayoría de ellas se originan por tensión nerviosa y preocupaciones. Sin embargo, alguien con sólo dos o tres líneas tendrá una vida aburrida, sin acontecimientos notables. En la quiromancia siempre estamos buscando un equilibrio. Tres líneas son muy pocas, y cientos de líneas finas de energía nerviosa son demasiadas.

Lo mejor es observar las líneas en un orden específico. Comienzo con la línea del corazón, seguida por la de la cabeza, de la vida y el destino. Esto se debe a que la línea del corazón me da información sobre la vida emocional del individuo. Después de determinar eso, sigo con la línea de la cabeza que me muestra su intelecto. Después de esto, observo la línea de la vida, que es la más importante y me indica la fortaleza y energía. Para terminar, la línea del destino muestra el camino a través de la vida. Gradualmente elaboro un cuadro de toda la persona examinando las líneas.

Línea del corazón

La línea del corazón es la línea principal que cruza la palma más cerca a los dedos. Comienza al lado de la palma debajo del dedo meñique, avanzando a través de la mano y finaliza en el área de los dedos índice o medio.

La línea del corazón puede encorvarse o permanecer casi derecha al final. Cuando hace curva al final se conoce como línea del corazón física (figura 13). Esta línea termina cerca a la base de los primeros dos dedos o, más a menudo, entre ellos.

Los individuos con una línea del corazón física encuentran fácil expresar sus necesidades y sentimientos más profundos. Se expresan asertivos y seguros de sí mismos. Cuando las cosas salen mal, se reponen rápidamente y continúan con sus vidas.

El otro tipo de línea del corazón es llamada línea del corazón mental. Atraviesa derecha la palma y no hace curva hacia los dedos al final (figura 14). Las personas con este tipo de línea encuentran difícil expresar sus sentimientos más profundos, y necesitan que les digan frecuentemente que son amadas y deseadas. Son sensibles y fácilmente heridas. Tienden a reprimir sus sentimientos y sufrir en silencio en lugar de hacer una escena.

En cierto sentido, la línea del corazón física es proactiva, mientras la mental es reactiva.

Hace muchos años, alguien me dijo que las personas con línea del corazón mental necesitan música suave, luz de vela y vino, mientras el asiento trasero de un viejo auto es todo lo que requieren quienes tienen una línea del corazón física. Esto es una exageración, por supuesto, pero da

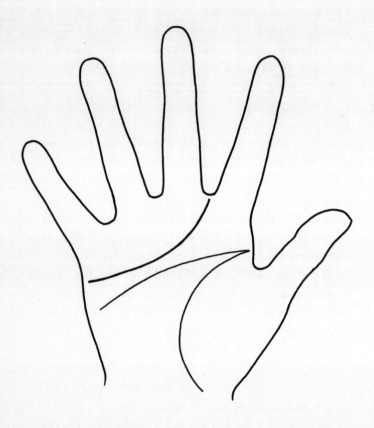

Figura 13: Línea del corazón física

Figura 14: Línea del corazón mental

una idea de la diferencia entre estos dos tipos de líneas. Desde el punto de vista de la compatibilidad, es más fácil si las dos personas tienen líneas del corazón similares que terminen en el mismo lugar.

La línea del corazón está asociada al corazón de la persona, y tiene relación con su bienestar físico. Los altibajos emocionales pueden afectar el cuerpo físico. La línea del corazón también se relaciona con el alma, ya que la capacidad de amar y ser amado está ligada a lo divino.

La posición final de esta línea es importante. Si termina debajo del dedo índice (figura 15), el individuo es demasiado idealista, y es probable que en ocasiones se sienta defraudado y decepcionado por las acciones de los demás. Cuando la línea termina debajo del dedo medio (figura 16), la persona se preocupa sólo por sus propias necesidades, y no tiene mucho interés en las necesidades de otros. Esta persona carecerá de compromiso emocional.

La posición más apropiada en la que puede terminar la línea del corazón, es entre los dedos índice y medio (figura 17). Esto da un equilibrio entre el idealismo y egoísmo extremos. La persona se fijará en sus necesidades, pero también estará interesada en las necesidades de otros. Además, será realista y mantendrá los pies firmes sobre la tierra.

Algunos individuos tienen una línea del corazón que se divide en dos cerca al final. Esto significa que la persona tiene algunas de las características de las dos líneas del corazón, la física y la mental. Por consiguiente, él o ella tendrán una naturaleza emocional compleja. Quienes tienen una división en forma de horca al final de la línea del corazón, pueden ver puntos de vista opuestos.

Figura 15: Línea del corazón terminando
debajo del dedo índice

Figura 16: Línea del corazón terminando
debajo del dedo medio

Figura 17: Línea del corazón terminando
entre los dedos índice y medio

A veces encontrará una línea del corazón que se divide en tres ramificaciones al final. Esto se conoce como "tridente". No tiene significado específico, pero denota una vida afortunada. Sin embargo, he notado que este es el caso sólo cuando la persona tiene una relación fuerte, estrecha y estable.

La línea del corazón debe ser pareja y bien marcada en toda su longitud. Esto no es común. Esta línea refleja la vida emocional, y todos tenemos altibajos. Éstos son revelados en la línea del corazón como "islas" o pequeños óvalos que parecen trenzados. A veces son llamados "cadenas". Indican las épocas de tensión emocional o cuando nada salía bien. Por lo general son problemas en relaciones. Por consiguiente, es fácil ver si alguien ha tenido una mala relación seguida por una buena. La línea del corazón estará llena de islas en el tiempo de la relación difícil, pero se volverá clara una vez que la persona haya entrado a una relación satisfactoria.

Una sola isla en la línea del corazón es una señal de depresión en el tiempo indicado. Cruces y discontinuidades en la línea indican tiempos de pérdida emocional. Esto usualmente señala el fin de una relación, que podría significar una separación o la muerte de una de las dos personas.

Una línea del corazón profunda, bien marcada y clara, muestra que la persona será feliz, y disfrutará una fructífera y estable vida sentimental.

Con frecuencia encontrará una línea fina y corta paralela a la línea del corazón en la parte final. Esta es muy buena señal, y muestra que la persona disfrutará una relación duradera que se mantendrá hasta su vejez. Debido a que muchos se preocupan por llegar a quedar solos en sus últimos años, siempre señalo dicha línea cuando la veo en una mano.

Línea de la cabeza

La línea de la cabeza revela el intelecto y cómo el individuo usa su cerebro.

Comienza al lado de la mano, entre la base del dedo pulgar y el índice, y cruza la palma hacia el lado del meñique. Avanza en una línea casi en forma recta, o hace curva en dirección hacia la muñeca.

De nuevo, esta línea debe ser clara y estar bien marcada. Cualquier discontinuidad o isla indica períodos en que el cerebro de la persona no estaba siendo utilizado apropiadamente. Una línea de la cabeza apenas visible muestra una capacidad mental que no está siendo usada.

Esta línea puede ser larga o corta. Entre más larga es, más complicados y detallados serán los procesos mentales del individuo. Quienes tienen corta la línea de la cabeza son astutos y piensan con rapidez. Sin embargo, examinan las situaciones a la ligera y no se interesan tanto en los detalles como las personas que tienen esta línea larga. En un tiempo se creía que entre más larga fuera la línea de la cabeza, más inteligente sería la persona. Por supuesto que este no es el caso, ya que la presencia de una línea larga no es garantía de que quien la tiene usará tal habilidad. De hecho, todos tenemos una capacidad ilimitada para aprender, y las personas con líneas de la cabeza cortas de ningún modo están en desventaja.

Si la línea de la cabeza cruza la palma casi en forma recta y no hace curva hacia la muñeca, el individuo es lógico, práctico y poco imaginativo (figura 18).

Cuando la línea de la cabeza gira hacia la muñeca, dentro del área conocida como cuadrante pasivo-interior, la

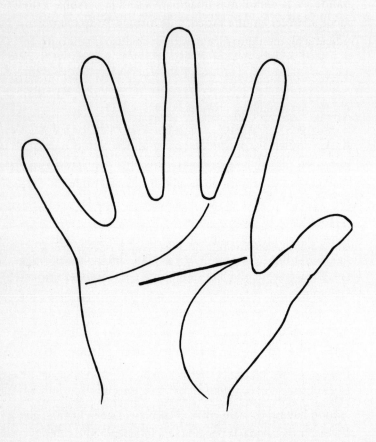

Figura 18: Línea de la cabeza no imaginativa

persona será imaginativa y creativa (figura 19). Entre más grande sea la curva, más imaginativa será la persona. Esto puede aparecer en una variedad de formas. Podría también indicar a alguien que dice mentiras, incluso cuando no es necesario. Puede sugerir a un poeta, actor, músico, o incluso a alguien que suele soñar despierto. Debemos mirar otros aspectos de la mano para determinar si este potencial creativo está siendo usado y de qué forma.

Muchas personas tienen una bifurcación al final de la línea de la cabeza. Se conoce como "bifurcación del escritor" y muestra que la persona puede proponer buenas ideas y hacerlas prácticas (figura 20). Los escritores hacen esto, por supuesto, pero también otras lo hacen. Da una inclinación inventiva al cerebro, y ha sido un mérito especial para muchos con línea de la cabeza imaginativa. No sólo sugieren maravillosas ideas, sino que luego se ocupan de ellas y las hacen realidad.

Si la línea de la cabeza tiene un claro torcimiento al final, la persona tendrá fuertes necesidades materiales y hará lo que se requiera para satisfacer esos deseos (figura 21).

La posición de inicio también es importante. Si la línea de la cabeza toca la línea de la vida al comienzo, denota un individuo precavido que pensará antes de actuar (figura 22). Cuando hay un espacio entre el comienzo de la línea de la cabeza y la de la vida, la persona será independiente e impulsiva (figura 23). Entre más grande sea el espacio entre estas dos líneas, más profundas serán estas cualidades.

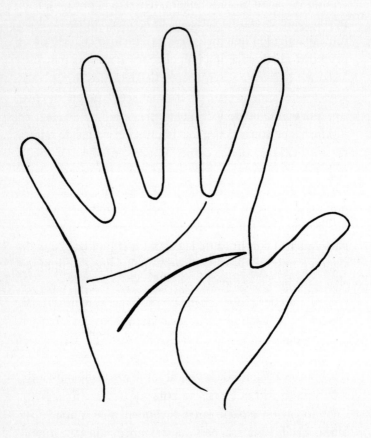

Figura 19: Línea de la cabeza imaginativa y creativa

Figura 20: Bifurcación del escritor

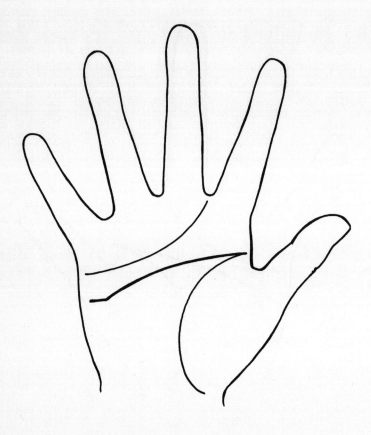

Figura 21: Línea de la cabeza con un claro torcimiento
al final (necesidades materiales)

Figura 22: Línea de la cabeza unida a la línea
de la vida (precaución)

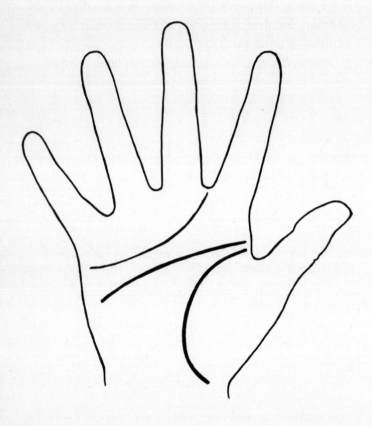

Figura 23: Espacio entre las líneas de la vida
y de la cabeza al comienzo (independencia)

Línea de la vida

La línea de la vida provee información sobre la salud, bienestar físico y fortaleza de la persona. También muestra qué tan entusiasta es en su vida.

Hay más conceptos erróneos sobre esta línea que de cualquier otro aspecto de la quiromancia. En incontables oportunidades personas me han preguntado si la corta línea de la vida de sus hijos o hijas significaba que iban a morir jóvenes. En realidad, esta línea tiene poco o nada que ver con la duración de la vida, y las líneas de la vida cortas usualmente se alargan a medida que la persona envejece.

La línea de la vida muestra el grado de vitalidad y energía que el individuo tiene en cualquier época de su vida. También revela su nivel de entusiasmo y pasión. Por consiguiente, está fuertemente relacionada con el grado de placer que la persona tiene en la vida.

Aunque no leo esta línea primero, es la más importante de la mano, ya que muestra con claridad la cantidad de vitalidad y energía que la persona tiene en cada etapa de su vida.

La línea de la vida comienza en el lado de la mano entre el dedo de Júpiter (índice) y el pulgar. Luego avanza en semicírculo alrededor del pulgar, terminando cerca a la base de la palma, junto a la muñeca.

La cantidad de área que rodea es importante. Una línea de la vida que atraviesa bien la palma, revela a alguien con mucha fortaleza y energía (figura 24). Este individuo será aventurero, correrá riesgos y sacará el mejor partido de cada oportunidad. Si esta línea rodea muy cerca al pulgar, pertenece a alguien apático y carente de energía y entusiasmo (figura 25).

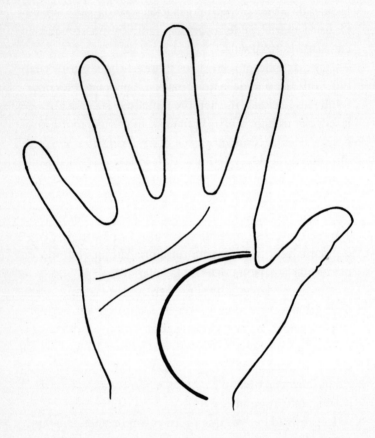

Figura 24: La línea de la vida atravesando
bien la palma (energía)

Figura 25: La línea de la vida que rodea
el pulgar (falta de energía)

El montículo rodeado por la línea de la vida se conoce como el monte de Venus, y determina el grado de pasión de la persona. El montículo debe estar elevado y sentirse ligeramente firme al tacto. Entre más alto sea, más apasionada será el individuo. Si es esponjoso al tacto, habrá un interés en los placeres sensuales y vivirá a plenitud cada vez que surja la oportunidad.

He visto montes de Venus invertidos. Estas personas no se interesan en el sexo o en las personas del sexo opuesto. Tienden a ser fríos e insensibles.

La posición de inicio de la línea de la vida es importante. En la mayoría de personas empieza más o menos a medio camino entre la base del índice y el pulgar. (Esta es la posición de inicio perfecta, ya que en la quiromancia siempre buscamos el equilibrio). Si la línea comienza más cerca al índice que al pulgar, la persona será ambiciosa y estará resuelta a alcanzar sus objetivos. Esta característica se acentúa entre más cerca esté del índice. A la inversa, si la línea se inicia cerca al pulgar, la persona no tendrá ambiciones y tomará la vida tal y como llega.

La línea de la vida debe ser profunda y clara además de estar bien marcada. Alguien con una línea como ésta disfrutará de buena salud y será apasionado con la vida. La mayoría de líneas de la vida son una mezcla. Podría estar bien marcada una parte de su longitud y luego hacerse cada vez menos visible antes de aparecer claramente de nuevo. El período de discontinuidad señala un tiempo en que los niveles de energía de la persona estaban más bajos de lo usual. Es probable que haya sido una época de mala salud.

Islas en la línea de la vida revelan depresión en el tiempo indicado. También pueden sugerir un período de hospitalización. Una línea de la vida encadenada indica numerosos problemas de salud de carácter emocional.

Son comunes las discontinuidades en la línea, y representan períodos en que la persona cambia su manera de ver la vida. Sin embargo, a veces estos espacios pueden ser dramáticos y suelen originarse por rupturas de relaciones o problemas de salud. La discontinuidad es cubierta por una imbricación de la línea, que brinda una forma de protección en el tiempo indicado. La imbricación se convierte en una pequeña "línea hermana".

Línea hermana

Una línea hermana es una línea fina en el lado del pulgar de la línea de la vida (figura 26). Es llamada "hermana" porque avanza paralela a la línea de la vida. También se conoce como la línea de Marte. Algunas personas tienen una línea hermana que abarca toda la longitud de la línea de la vida. Sin embargo, por lo general se encuentra al comienzo de ésta, abarcando los años de crecimiento. Tener línea hermana es como tener dos líneas de la vida, y provee protección adicional para la persona en los tiempos indicados. Por ejemplo, si alguien tiene una línea hermana cerca al final de la línea de la vida, será protegido en los últimos años y no terminará postrado en cama o incapacitado. Una línea hermana siempre es de buena suerte.

Líneas de preocupación

Muchas personas tienen una serie de líneas finas que se irradian de la base del pulgar hacia la línea de la vida, a veces

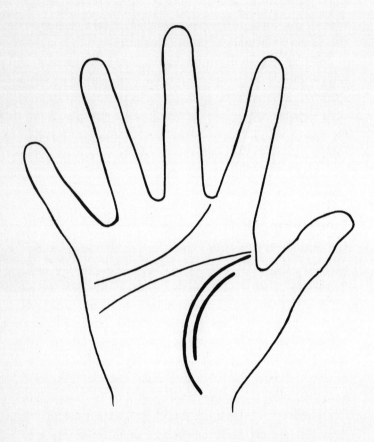

Figura 26: Línea hermana (también conocida
como línea de Marte)

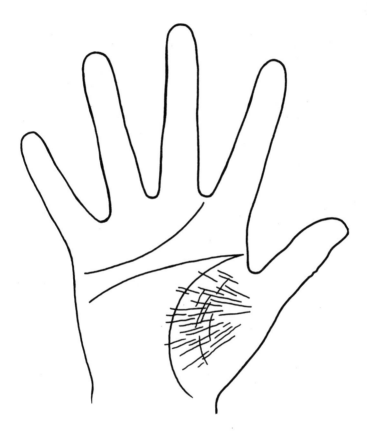

Figura 27: Líneas de preocupación

cruzándola (figura 27). Son conocidas como líneas de preocupación. Algunos tienen muy pocas, mientras otros tienen
cientos. La mayoría de personas se preocupa por cosas que
nunca suceden, y quien tiene cientos de estas líneas se
inquietará incesantemente por casi todo. Es interesante
observar que es común que tal persona esté casada con
alguien que tiene muy pocas líneas de preocupación.

La mayoría de líneas de preocupación no son de gran
importancia, pero las que atraviesan la línea de la vida tienen el potencial de afectar la salud del individuo. Obviamente, no se pueden dar consejos si estas líneas están en el
pasado de la persona; pero si se encuentran en el futuro,
siempre las menciono y sugiero que la persona aprenda
meditación y autohipnosis para disminuir su preocupación.

Cuadrados

Un cuadrado en la línea de la vida puede ser positivo o negativo. Si cubre una discontinuidad en la línea, es considerado
un "cuadrado positivo" (figura 28). Como el nombre lo indica, da fortaleza, apoyo y protección en un tiempo en que la
persona necesita ayuda. Muestra que la persona tendrá suficiente energía para manejar la situación con éxito.

Un cuadrado que esté sobre la línea de la vida pero sin
cubrir una discontinuidad, indica un período de confinamiento. Esto podría significar un tiempo en una sociedad
cerrada, tal como un monasterio. Sin embargo, puede significar un período en prisión. Puedo o no mencionar esto
si lo veo en el pasado de la persona; depende sólo de las
circunstancias y las razones por las que estoy haciendo la
lectura. A menudo, un cuadrado como este es el resultado

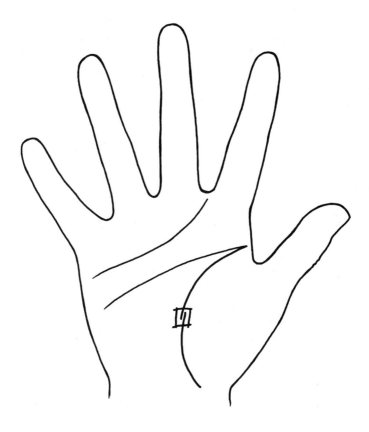

Figura 28: Cuadrado protector

de una indiscreción juvenil, y nada se saca mencionándolo. No obstante, casi siempre lo menciono si está en el futuro. También le digo a la persona que tiene el poder de cambiar su destino, y que el cuadrado puede desaparecer de la palma antes que la persona llegue a él. La mano es un mapa de potenciales y siempre está cambiando.

Línea del destino

La línea del destino provee el vehículo a través del cual se expresan las líneas del corazón, de la cabeza y de la vida.

Todos tenemos una línea del corazón, de la cabeza y de la vida. No todo el mundo tiene la línea del destino. Ésta se encuentra más o menos en el centro de la palma, empezando cerca a la muñeca y avanzando hacia los dedos (figura 29). Es complicada por el hecho de que puede comenzar en cualquier parte cerca a la base de la mano, y finalizar cerca a cualquiera de los dedos. Sin embargo, la mayoría de líneas del destino se inician cerca a, o incluso tocando, la línea de la vida y avanzan hacia el dedo medio.

También es una línea complicada porque en algunas personas no aparece hasta que están en sus veintes o treintas. Ya que la línea del destino atraviesa la línea de la cabeza alrededor de los treinta y cinco años de edad, la de algunas personas empieza cerca a esta última línea. Cuando ocurre esto, muestra que la persona no sabía qué hacer con su vida hasta llegar a la edad donde empezó la línea del destino.

Hace poco observé que uno de los profesores de historia del colegio de mi hijo tenía una línea del destino que se iniciaba cerca a su muñeca. Sus padres eran profesores, y él creció queriendo seguir sus pasos. Es raro encontrar una línea del destino clara y bien marcada en toda su longitud.

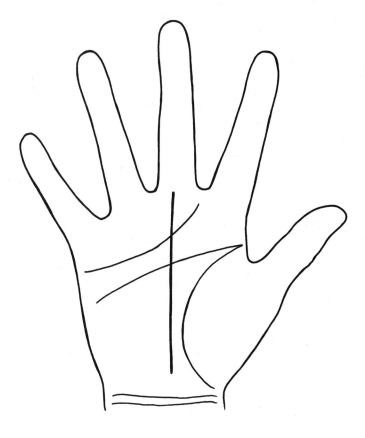

Figura 29: Línea del destino

Otras personas tienen líneas del destino que son claras una parte, pero luego son apenas visibles o incluso desaparecen antes de retornar. Esto muestra que la persona sabía lo que estaba haciendo durante un período de tiempo, pero luego atravesó una etapa en que estuvo a la deriva, sin un sentido de dirección.

La línea del destino da un sentido de propósito a la vida de la persona. Los más afortunados son quienes deciden a una temprana edad lo que desean hacer en la vida, y luego se esfuerzan para que sea una realidad. Estas personas siempre tienen una línea del destino clara y bien marcada.

La mayoría de personas no tienen una idea verdadera de lo que quieren hacer en la vida. Por consiguiente, los períodos en los que su línea del destino es clara, indican los tiempos en que sabían a dónde iban y se esforzaban para alcanzar sus objetivos o sueños.

Todos los grandes atletas tienen fuertes líneas del destino. Para tener éxito en cualquier campo tan competitivo, usted debe estar motivado, concentrado y resuelto. Una bien marcada línea del destino provee estas cualidades.

La presencia de una línea del destino significa que, en términos generales, la persona está protegida y tomará la decisión correcta o hará lo apropiado.

En el pasado, los quirománticos creían que la presencia de una línea del destino larga garantizaba el éxito. Sin embargo, las personas también necesitan estar motivadas para triunfar. Alguien perezoso con una línea del destino larga sólo logrará una parte de lo que puede obtener, porque no hay un profundo deseo de alcanzar el éxito. He visto muchos mendigos en la India con líneas del destino largas y bien marcadas. Esto no significa éxito, sino que han seguido la misma carrera a lo largo de la vida.

Solía sorprenderme cada vez que leía las palmas de alguien exitoso que no tenía línea del destino. Quienes no la tienen a menudo llevan vidas interesantes y variadas. Pasan de una situación a otra, tomando la vida como llega. He leído las palmas de muchos inadaptados, delincuentes y adictos de toda clase, que no tienen línea del destino.

Por consiguiente, es comparativamente raro encontrar una persona muy exitosa sin línea del destino. A menudo, cuando se vuelve exitosa, una línea se forma para mostrar que por fin la persona ha planteado la dirección futura de su vida.

En una época de mi vida fui comerciante, promocionando productos en ferias y exposiciones. Disfrutaba el hecho de trabajar con intensidad durante el tiempo de la exposición, y luego tener una o dos semanas libres antes de empezar de nuevo. Encontraba fascinante que la mayoría de mis compañeros carecía de línea del destino. Ellos disfrutaban el estilo de vida y el hecho de que podían vender un determinado producto el tiempo que querían y luego vender otro. Podían vender ollas seis meses y luego cambiarse a cuchillos o bolígrafos. La falta de una línea del destino revelaba el interesante e inortodoxo camino que llevaban a lo largo de la vida. Los vendedores exitosos usualmente tienen la línea del destino bien marcada. Sin embargo, se enfocan en una carrera específica y la siguen. Mis amigos sólo trabajaban lo necesario para suplir sus necesidades.

Algunas autoridades en el tema se refieren a la línea del destino como la "línea del hado". No me gusta este nombre,

porque parece indicar que nuestras vidas están preordena-
das, y somos sólo títeres bailando mientras el hado tira de
las cuerdas. Creo que tenemos el poder de cambiar nuestras
vidas. En la obra *Revealing Hands* relaté la historia de un
hombre cuyas manos mostraban que iba a pasar la mayor
parte de su vida en prisión. Sin embargo, cambió su forma
de pensar, le dio un vuelco a su existencia, y ahora tiene una
vida feliz y exitosa.[1]

Posiciones de inicio

La línea del destino comienza cerca o unida a la línea de la
vida. Esto significa que la persona creció en un estable
ambiente familiar. Se le enseñó lo bueno y lo malo, y siempre tuvo a alguien a quien acudir en momentos difíciles.

Si la línea comienza lejos de la línea de la vida, como a
medio camino a través de la palma, la persona ha tenido un
inicio en la vida más independiente (figura 30). Esto podría
ser causado por varios factores. Tal vez los miembros de la
familia no eran cercanos, y el individuo tuvo que aprender
a valerse por sí mismo en una edad temprana. Quizás era
un huérfano o fue enviado lejos de su hogar.

Si la línea comienza a más distancia del punto medio a
través de la palma, es una persona que siempre ha sido independiente y nunca le ha gustado que le digan que hacer.

Si la línea empieza bien adentro del cuadrante pasivo-
interior, es una indicación de que la persona quiere alcanzar
reconocimiento público por sus logros. Los individuos con
este tipo de línea necesitan de ser queridos y apreciados por
los demás.

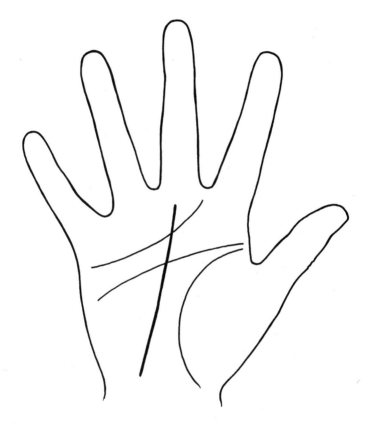

Figura 30: Línea del destino comenzando lejos
de la línea de la vida (independencia)

Posiciones finales

La posición final de la línea del destino es muy útil porque indica lo que la persona disfruta hacer. La mayoría de líneas del destino terminan en la línea del corazón o un poco más al lado. La línea del destino cruza la línea del corazón a los 49 años de edad. Si se detiene en la línea del corazón, la persona se acoplará en su mediana edad y se establecerá en su modo de vida. Si la línea del destino continúa más allá de la línea del corazón, la persona permanecerá joven de corazón y adoptará cosas nuevas y diferentes a lo largo de la vida.

La mayoría de líneas del destino terminan debajo del dedo medio, o entre éste y el anular. Quienes tienen esta posición final probablemente seguirán carreras normales, ortodoxas. Podrían convertirse en banqueros, profesores o dueños de una pequeña empresa.

Es raro que la línea del destino termine debajo del dedo índice. Las personas con esta característica quizás escogerán carreras en la política, filosofía, religión o leyes. Esta posición final está relacionada con orgullo y ambición.

Quienes tienen una línea del destino que termina debajo del dedo anular son felices en un campo creativo. Éste podría ser arte, literatura, música, decoración de interiores y otras carreras que involucren creación. La señora dueña de una florería cerca a mi casa, tiene una línea del destino que casi toca su dedo anular. Ella trabajó como secretaria hasta los 35 años, y de repente descubrió lo que estaba destinada a hacer.

A veces encontrará una línea del destino que cruza la palma en forma diagonal y termina debajo del dedo meñique. Esta formación indica que la persona necesita usar su voz para comunicarse. Artistas y vendedores son buenos ejemplos. Una vez leí la palma de una famosa actriz de teatro que tenía una línea del destino de este tipo. Podía expresarse increíblemente bien en las escenas, pero era muy tímida y reservada cuando no estaba actuando.

Doble línea del destino

A veces encontrará personas que tienen lo que parece ser dos líneas del destino paralelas en parte de su longitud. La línea extra está en el lado del pulgar de la palma. Esto denota a alguien que puede hacer varias tareas al mismo tiempo. Este individuo podría estar tan involucrado en un hobby como en una carrera, o tal vez la carrera y la vida hogareña tengan igual importancia. Siempre es una señal de versatilidad.

Otros factores

A veces encontrará una línea del destino que tiene una clara discontinuidad. Si la línea se detiene y luego comienza de nuevo a un lado de la línea original, es la señal de un cambio de dirección. A menudo, estas señales son vistas sólo mientras la persona está considerando o haciendo el cambio. Una vez que éste es realizado, las dos líneas suelen unirse otra vez para formar una sola línea del destino.

Durante algunos años vendí máquinas de impresión. Era totalmente incompetente para este trabajo, y permanecí en él un tiempo porque era muy lucrativo. Durante ese período mi línea del destino tuvo una clara discontinuidad. Cuando renuncié a este trabajo y me convertí en psíquico y maestro de tiempo completo, mi línea del destino lentamente volvió a estar bien definida.

De vez en cuando encontrará una línea del destino que vira de su dirección normal y toca la línea de la vida antes de continuar. Esta es una señal de que las obligaciones familiares tuvieron prioridad sobre los deseos individuales, y la persona no pudo seguir sus sueños debido a las necesidades de alguien cercano.

Los cuadrados en la línea del destino son una buena señal y brindan protección contra dificultades a la persona.

Ahora que sabemos algo acerca de las líneas principales, sigamos con la determinación de los tiempos en la mano, antes de ver las líneas secundarias.

3

Medida del tiempo en la mano

Durante miles de años los quirománticos han discutido sobre cómo medir el tiempo de los eventos en la mano. Recuerdo una acalorada discusión que tuve con varios quirománticos en Nueva Delhi hace treinta años sobre este tema en particular. Todos discrepábamos y teníamos diferentes ideas al respecto. De hecho, hay diferencias fundamentales entre la quiromancia oriental y la occidental, y ellos estaban tan sorprendidos por aprender cómo medía el tiempo de los eventos en una mano, como yo lo estaba al conocer sus métodos.

En la práctica, debe observar ambas manos para determinar el tiempo de acontecimientos importantes. Es mejor si puede localizar un evento importante que le sucedió a la persona en el pasado, y luego medir hacia atrás y adelante desde esa fecha.

No hay un método que funcione en general. En el curso de mi práctica, he experimentado con todos los métodos descritos en este libro. Sin embargo, también uso mi intuición. Creo que es posible convertirse en un quiromántico hábil sin utilizar la intuición en lo absoluto. Pero, si desea ser un quiromántico excepcional, debe confiar en su intuición y actuar de acuerdo a ella.

Tengo un buen ejemplo de esto. Hace muchos años, poco después de convertirme en quiromántico profesional, me solicitaron que leyera las palmas de todos los invitados de una reunión privada. La atmósfera era agradable y relajada, y tenía la oportunidad de examinar muchas manos a lo largo de la noche.

Esa noche no me sentía bien, y llegué a la reunión con un fuerte dolor de cabeza. Me ubicaron en un rincón oscuro para hacer las lecturas. Siempre estoy preparado para cualquier eventualidad, y tenía una linterna y una lupa conmigo.

Cuando empecé la primera lectura, me dí cuenta que la concentración requerida empeoró mi dolor de cabeza. Pensé que nunca acabaría, pero, mucho más rápido de lo que esperaba, había leído las palmas de todos, y estuve de regreso en casa. Pude librarme del dolor de cabeza al dormirme.

La mañana siguiente, la señora que había organizado la reunión me telefoneó. Estaba extática por las lecturas que yo había hecho. Mis apreciaciones fueron precisas sobre los eventos ocurridos en el pasado, y todos habían quedado muy impresionados. Estaba asombrado. La noche había sido difícil para mí. No pude concentrarme, he hice todas las lecturas diciendo lo primero que se me venía a la cabeza.

Sin lugar a duda estaba sintonizándome con mi intuición, y haciéndolo había hecho mejores lecturas que lo usual, incluso con el fuerte dolor de cabeza. Desde entonces, siempre he dicho lo que me llegue a la mente, aunque pueda no tener sentido para mí. Puedo decirle al interesado que se trata de un destello intuitivo, y no algo que veo en sus palmas. Sin embargo, mientras tomo y examino sus manos, es muy posible que esté obteniendo la información a través de alguna forma de psicometría.

Se requiere de mucha práctica para ser bueno en la medición del tiempo de los eventos en una mano. Sea paciente. Ensaye todos los métodos descritos aquí. Haga preguntas para determinar qué tan preciso es. Poco a poco notará que mejora su capacidad para medir el tiempo de los sucesos en las manos de sus consultantes.

Tenga cuidado de quien afirme poder determinar el mes y el día reales de un acontecimiento. Es difícil determinar el año exactamente, e imposible calcular el día y el mes sin usar la intuición. William G. Benham escribió: "hay quienes pueden hablar de un evento y fijar el tiempo dentro de un año, pero los que han logrado tal habilidad son pocos. Otros tienen éxito dentro de dos, tres o cinco años. Ninguno puede hacer más que determinar el año en el cual ocurrió dicho acontecimiento, si se basa completamente en las reglas de la quiromancia".[1]

Línea del destino

La forma más fácil de determinar el tiempo es usando la línea del destino (figura 31). Para que ésta llegue a la línea de la cabeza deben pasar los primeros 35 años de la vida de la persona. Requiere los siguientes 14 años para alcanzar la línea del corazón (a los 49 años de edad), y el resto de la vida se encuentra en la parte sobrante de la línea del destino. Por consiguiente, la primera sección de la línea del destino, hasta donde toca la línea de la cabeza, puede

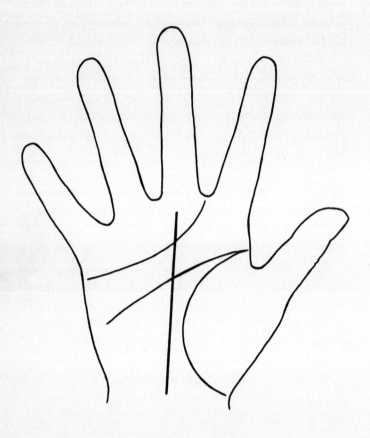

Figura 31: Medida del tiempo usando la línea del destino

ser dividida en tres, dando las edades aproximadas de 12 y 24. La sección entre las líneas de la cabeza y del corazón puede ser dividida por la mitad, para dar la edad de 42.

Puede parecer extraño que los primeros 35 años de la vida ocupen la mayor parte de la línea del destino. Esto se debe a que es el tiempo en que crecemos y resolvemos lo que queremos hacer con nuestra vida. A los 35 años de edad, la mayoría de personas tiene una idea más clara de lo que se desea hacer. ¡Sin embargo, tengo un amigo de 83 años que aún está tratando de descubrir lo que quiere hacer con su vida!

Entre las edades de 35 y 49, la persona por lo general sigue un camino estable. Es probable que tenga una relación permanente o esté progresando en una carrera. Si este no es el caso, habrá cambios en la línea del destino entre las líneas de la cabeza y del corazón.

Puede parecer raro que las líneas del destino de la mayoría de personas se detengan alrededor de los 49 años de edad. Desde luego, no significa que no tengan un destino después de esa edad, sino que establecen su modo de vida y, por consiguiente, no hay grandes cambios de dirección en sus cincuentas, sesentas o setentas.

Las personas con una línea del destino que continúe mucho más allá de la línea del corazón, experimentarán actividades nuevas y diferentes posteriormente. Esto podría ser la señal de un comienzo tardío en muchos casos. A menudo es una indicación de longevidad.

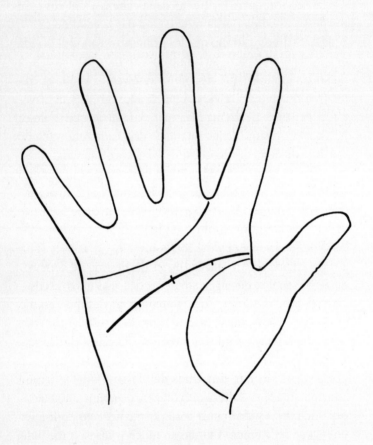

Figura 32: Medida del tiempo usando la línea de la cabeza

Línea de la cabeza

La línea de la cabeza muestra cerca de 70 años de vida (figura 32). Si la persona supera dicha edad, la línea de la cabeza crecerá para reflejar eso. Sin embargo, si está leyendo las palmas de alguien menor, por ejemplo de 60 años, puede dividir la línea por la mitad, para obtener la edad de 35. Cada mitad puede ser dividida una y otra vez, para que haga las medidas tan precisas como desee.

Línea de la vida

La medida del tiempo más precisa puede ser hecha usando la línea de la vida. El método más simple es dividirla en dos, imaginando una línea que baja por la mitad del dedo medio cruzando la palma hasta tocar la línea de la vida. Esta es aproximadamente la edad de 35. En realidad, este sistema también puede proveer dos edades. Una línea imaginaria que baje de la mitad del dedo índice por la palma, toca la línea de la vida a la edad de 10 años. Una línea similar que empiece entre los dedos índice y medio, toca la línea de la vida a la edad de 20 años (figura 33).

Usted puede usar estas divisiones básicas para mediciones de tiempo más precisas. Por ejemplo, en la edad de 70 es donde la línea de la vida hace curva alrededor del pulgar en la base de la mano. La distancia entre la línea imaginaria que señala la edad de 35 y la posición donde la línea de la vida empieza a devolverse alrededor del pulgar, es un período de 35 años. Si divide en dos esta parte de la línea, estará en la edad de 52 y medio. Dividiéndola en tres obtiene las edades de casi 47 y 59. Puede seguir dividiendo indefinidamente para ser cada vez más preciso con sus mediciones

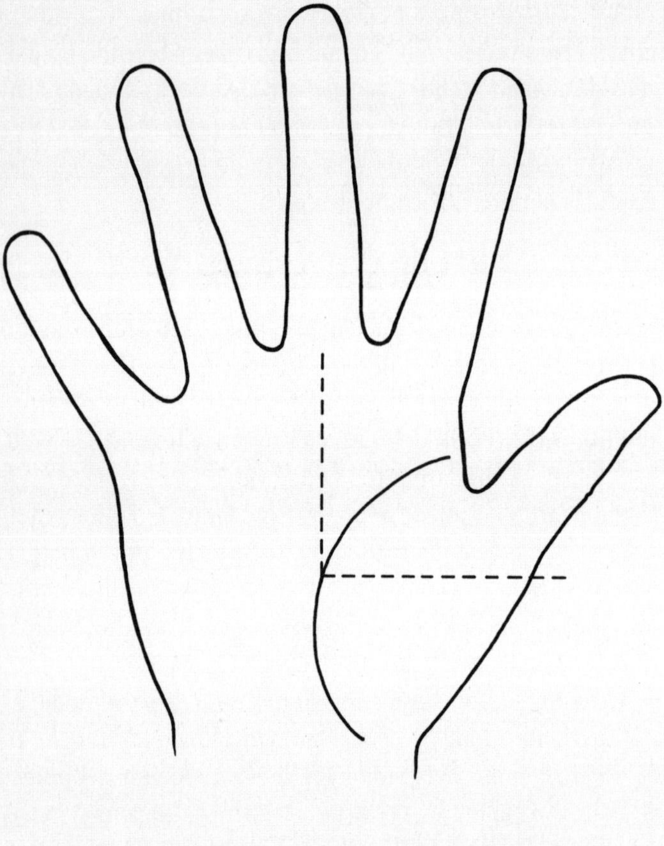

Figura 33: Medida del tiempo usando la línea de la vida

de tiempo. En la práctica, si quisiera ser específico, tomaría una impresión de la mano y luego usaría divisores matemáticos para total exactitud.

En el pasado, las personas morían mucho más jóvenes que ahora. La edad bíblica de "tres veintenas y diez" actualmente no es considerada vieja. Por consiguiente, esto debe ser tomado en cuenta con cualquier método de determinación de tiempo en la línea de la vida.

Método de Desbarrolles

Usar divisores matemáticos es similar al antiguo método descrito por Adolphe Desbarrolles (1801–86) en su influyente obra *Les Mystères de la main*.[2] Él sugirió colocar la punta de un compás en el centro de la base del dedo de Júpiter, y la otra en el centro de la base del dedo de Apolo. Trace un círculo hasta que la punta del compás toque la línea de la vida. Esto señala un período de diez años. Ahora coloque la punta del compás que estaba sobre Apolo, entre los dedos de Apolo y Mercurio, y trace otro círculo. Éste señala veinte años. Después, abra el compás hasta la parte más exterior de la base del dedo de Mercurio y haga otro círculo. Éste señala cuarenta años. Luego la punta libre del compás es puesta sobre la línea del corazón en el punto que alcanza el tope de la palma. El círculo creado señala cincuenta años. He encontrado que este sistema funciona sólo con personas que tienen líneas de la vida medianas. Si la línea rodea muy cerca el dedo pulgar o atraviesa bien la palma, el sistema es inútil. Este método también dedica demasiado espacio para los primeros diez años de vida.

Desbarrolles aprendió este método de los gitanos y lo usó durante cuarenta años, antes de decidir que no era lo suficientemente preciso. En su gran obra, *Révélations complètes*,[3] tuvo el valor de admitir que este antiguo método no funcionaba. Es interesante reflexionar que tal vez este sistema funcionó hace miles de años, pero las formas de las manos actuales se han alterado tanto desde entonces, que el método ya no es válido.

Línea de la vida dos

Otro método para calcular el tiempo es medir la longitud de la línea de la vida desde donde comienza hasta donde empieza a devolverse alrededor del pulgar. La edad en este punto es aproximadamente 70. Una vez que tenemos esta longitud, podemos determinar cualquier edad que queramos. Por ejemplo, la mitad será 35.

Algunas personas tienen líneas de la vida que avanzan justo alrededor del pulgar y desaparecen sólo porque el patrón de piel termina. Se considera que esto indica cien años de vida. Sin embargo, debe recordar que sólo estamos midiendo períodos de tiempo. Una línea de la vida larga no es garantía de que la persona llegará hasta dicha edad.

Un tercer método es dividir mentalmente la línea de la vida en tres secciones iguales, desde donde comienza hasta aproximadamente los 70 años de edad. Cada sección señala 20 ó 25 años.

Otro método es determinar un acontecimiento importante en la línea de la vida de la persona. Un suceso grave, tal como una enfermedad o un accidente, es mostrado con claridad en esta línea. Preguntando cuándo ocurrió, podrá fechar eventos pasados y futuros usando como guía dicho punto de referencia.

Algunos quirománticos creen que deberían "ver y saberlo todo", y por consiguiente no hacen preguntas. Pero, si con una pregunta puedo ser más preciso, no dudo en hacerla.

En ocasiones las personas acuden a una lectura resueltas a no decir una palabra, porque no desean dar pistas al quiromántico. Encuentro muy extraña tal actitud, ya que revelamos mucho de nosotros mismos con sólo el lenguaje corporal, y la palma misma me da toda la información que necesito. No tengo problemas en hacer lecturas a personas que permanecen en silencio, pero de esta manera toman más tiempo, y pueden no siempre abarcar a profundidad los temas que les interesan. Haciendo algunas preguntas, puedo ahorrar tiempo y ser más útil.

En la India, es común usar un pedazo de hilo para determinar el tiempo. Algunos quirománticos de ese país prefieren utilizar un pelo de la cola de un elefante —¡pero no son fáciles de encontrar en Occidente!—. El hilo es usado para medir la distancia desde el inicio de la línea de la vida al lado de la palma, hasta donde cruza la superficie palmar. Esto representa 7 años. Luego el hilo puede emplearse para medir ciclos de 7 años en toda la distancia de la línea de la vida. Este método es similar a uno usado por Cheiro, que también dividía la línea de la vida en períodos de 7 años.

Método Henri Mangin

Henri Mangin fue un conocido quiromántico francés, quien publicó varios libros en los años treinta y cuarenta. En su trabajo más famoso, *La Main, miroir du destin*,[4] explicó su sistema para determinar el tiempo.

Una línea imaginaria es trazada desde el medio de la base del dedo de Júpiter, verticalmente hasta la línea de la vida. Esto indica los 10 años de edad. Otra línea, trazada desde el medio del dedo de Saturno, llega a la línea de la vida a la edad de 40. Luego el sistema se hace muy complicado porque involucra una línea imaginaria trazada desde el inicio de las líneas del corazón y de la vida, y otras líneas que salen en un ángulo de 45 grados. A veces uso este sistema para determinar las edades 10 y 40, pero no he tenido éxito al utilizarlo para calcular otras edades. Sin embargo, Henri Mangin lo empleó exitosamente, como lo han hecho varias generaciones de quirománticos franceses.

Julius Spier

En Alemania, muchos quirománticos fechan eventos desde el extremo de la muñeca de la línea de la vida. Esto se debe a la influencia de Julius Spier, el hombre responsable del interés de Carl Jung por la quiromancia. Spier tenía un interesante método para determinar el tiempo. Dividía en dos la línea de la vida. La primera mitad (la más cerca a la muñeca en su sistema) representaba los primeros 20 años de la vida. La otra mitad era dividida en dos nuevamente, y la primera mitad de ésta representaba las edades de 20 a 30. La mitad restante otra vez era dividida en dos para tener las edades hasta 40, y lo que quedaba de la línea de la vida mostraba el resto de la vida de la persona. Desafortunadamente, Julius Spier murió sin explicar por qué decidió fechar eventos desde el extremo de la muñeca de la línea de la vida.

No he tenido éxito en lo absoluto con el método de Julius Spier, pero lo incluí para complementar la información.

Como puede ver, ningún método es cien por ciento exacto. Sin embargo, aunque estos sistemas a veces parecen contradecirse entre sí, todos han funcionado para diferentes personas. Por consiguiente, usted debería experimentar estos métodos con una mente abierta. Haga preguntas y evalúe los resultados. Puede encontrar que uno de los métodos funciona perfectamente para usted, o podría usar partes de varios sistemas. No hay problema. Experimente, encuentre el método que mejor le funcione y luego practique hasta que se vuelva un experto.

En la práctica, empiezo dividiendo por la mitad la línea de la vida (usando la línea imaginaria que baja por el dedo anular). Luego busco acontecimientos importantes que son mostrados en la línea de la vida para ayudarme a fechar las cosas con más exactitud. Luego utilizo las mediciones de 7 años que se emplean en la India. Rara vez uso hilo, pero utilizo mis dedos pulgar e índice para medir la distancia aproximada. Si necesito mayor detalle, uso un pedazo de hilo.

Por último, si estoy tratando de determinar un evento con la mayor precisión posible, tomo una impresión palmar de la mano y hago todas mis mediciones y cálculos con ella.

4

Líneas secundarias

Hay varias líneas secundarias que también necesitan ser observadas al leer una palma (figura 34). Nadie tiene todas estas líneas. De hecho, como ya se mencionó, algunas personas sólo tienen tres líneas en sus palmas.

Sin embargo, necesitamos líneas secundarias en la mano. Quienes tienen sólo dos, tres o cuatro líneas en sus palmas, toman la vida exactamente como llega y no se detienen a pensar o reflexionar.

Al leer una palma, no observamos todas las líneas. La mayoría de las líneas más pequeñas son causadas por estrés y tensión. Por esta razón una persona nerviosa y tensa tendrá más líneas en sus manos que alguien más relajado y despreocupado respecto a la vida.

Faja de Venus

La faja de Venus (A) es una línea fina ubicada entre la línea del corazón y los dedos, y es paralela a dicha línea en parte de su longitud. La presencia de la faja de Venus aumenta la

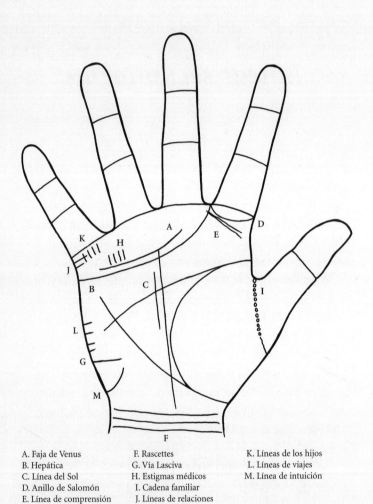

A. Faja de Venus
B. Hepática
C. Línea del Sol
D. Anillo de Salomón
E. Línea de comprensión

F. Rascettes
G. Vía Lasciva
H. Estigmas médicos
I. Cadena familiar
J. Líneas de relaciones

K. Líneas de los hijos
L. Líneas de viajes
M. Línea de intuición

Figura 34: Líneas secundarias

sensibilidad y las emociones de la persona. Esto puede a veces crear una vida difícil, porque todo lo que sucede afectará al individuo a nivel emocional. Quienes tienen esta línea se benefician si tienen algún tipo de desahogo creativo, porque pueden canalizar las emociones en su creatividad. Las personas que hacen esto, a menudo producen trabajos de muy alto nivel.

Hepática

La hepática (B) es a menudo conocida como la línea de la salud. También suele llamarse línea de Mercurio. La hepática avanza diagonalmente a través de la palma desde la línea de la vida, cerca a la muñeca, y cruza la palma hasta terminar junto al inicio de la línea del corazón. No aparece tan claramente marcada como las cuatro líneas principales.

Es interesante observar que es mejor no tener esta línea. Quienes no la tienen disfrutan de excelente salud y se recuperan rápidamente de las enfermedades.

Si la línea aparece, debería ser clara y estar bien marcada. Esto también es señal de buena salud, y muestra que la persona le pone atención a su cuerpo físico.

La hepática también puede ser una indicación de longevidad. Cuando cruza la palma, es una señal de que la persona pondrá atención a asuntos de salud y quizás vivirá más que la mayoría de sus contemporáneos.

La mayoría de hepáticas muestran altibajos en calidad, indicando tiempos de mala salud. Esto no necesariamente se trata de una enfermedad. La persona puede estar sufriendo de una pérdida de energía o un período prolongado de salud regular.

Las islas en la línea de la salud por lo general se relacionan con problemas digestivos. He visto que un simple cambio en la dieta hace maravillas en la calidad de las líneas de la salud de las personas.

Discontinuidades en la hepática señalan períodos de mala salud. Esto puede ser fechado buscando períodos de debilidad en la línea de la vida.

Un cuadrado es una buena señal en la línea de la salud. Significa que la persona está siendo protegida durante el período que la línea es cubierta, y disfrutará de una total recuperación de la enfermedad.

Línea del Sol

La línea del Sol (C) avanza paralela a la línea del destino en parte de su longitud. Termina cerca y debajo del monte de Apolo. Por consiguiente, suele ser conocida como la línea de Apolo. Idealmente, debería ser casi tan larga como la línea del destino, pero esto es muy raro. Por lo general comienza cerca a la línea de la cabeza y avanza hacia el dedo anular.

Quienes son bendecidos con una línea del Sol, son seguros de sí mismos, congenian con los demás y tienen el potencial para un gran éxito. Esta línea suele aparecer en la mano sólo después de que la persona ha decidido lo que quiere hacer y está trabajando para alcanzar ese objetivo.

Anillo de Salomón

El anillo de Salomón (D) es una línea semicircular que rodea el monte de Júpiter (vea el capítulo 6) debajo del dedo índice (de Júpiter). Esta línea da a la persona interés en temas psíquicos. También le transmite una conciencia intuitiva de las necesidades de los demás y el deseo de servir a la humanidad de alguna forma. Estas características originan un fuerte interés en la psicología.

Línea de comprensión

Una línea de comprensión (E) es encontrada en el mismo lugar del anillo de Salomón, justo debajo del dedo índice. Sin embargo, es una línea recta. Las personas que la poseen tienen una visión de la vida comprensiva y compasiva.

Anillo de Saturno

El anillo de Saturno es una línea semicircular que rodea el monte de Saturno (vea el capítulo 6) debajo del dedo medio (de Saturno). Es una indicación negativa que hace prácticamente imposible que la persona alcance sus objetivos. Esto puede ser frustrante, ya que el sujeto puede estar a punto de tener éxito y luego dejar que algo insignificante lo impida.

Los rascettes

Los rascettes (F), comúnmente conocidos como brazaletes, son líneas sobre la muñeca justo debajo de la palma. Los gitanos afirman que cada brazalete completo significa 25 años de vida. Sin embargo, encontrará que casi todo el mundo tiene tres. Por consiguiente, son ignorados por la mayoría de quirománticos modernos. Las tonterías supersticiosas tales como ésta le dan a la quiromancia un mal nombre y reputación.

Aunque los rascettes no son tomados en cuenta para determinar la longitud de la vida, vale la pena mencionar que durante miles de años los quirománticos han sabido que cuando el rascette superior de la mano de una mujer se arquea hacia arriba en la palma, ella tendrá dificultades en el parto. Los antiguos griegos sabían esto, y las mujeres con dicha formación en sus manos se convertían en vestales en los templos y no se les permitía casarse.

Vía lasciva

La vía lasciva (G) es una línea recta que avanza en parte de la palma, comenzando a dos tercios o tres cuartos de la longitud de la palma desde el dedo meñique, siguiendo a través de la palma hacia el pulgar. Ocasionalmente la línea es curva.

Esta línea ha tenido mala reputación en el pasado y quienes la poseían eran considerados lascivos y dispuestos a vivir una vida de derroche. Un libro de mi biblioteca dice que dichas personas tienen una "sed apasionada por el dinero" y una "vida acortada por excesos".[1]

En realidad, esta línea significa que quien la posee tiene una fuerte necesidad de esperar con ilusión algo emocionante. A menudo tienen personalidades adictivas y deben mantenerse lejos del alcohol y las drogas. Quizás esta tendencia fue lo que en un principio le dio a la vía lasciva un nombre negativo.

Estigmas médicos

Los estigmas médicos (H) son un grupo de tres o cuatro diminutas líneas verticales bajo el dedo meñique. A menudo son encontradas un poco inclinadas hacia el dedo anular.

Los individuos con estigmas médicos tienen empatía por todas las cosas vivientes. Son buenos jardineros, granjeros, veterinarios, naturópatas, doctores y enfermeros. Son felices en cualquier carrera que involucre ayudar a los demás. Alguien que siga una de estas carreras con el principal propósito de hacer dinero, no tendrá estigmas médicos en su mano. La mayoría de los que poseen esta formación resultan ser jardineros talentosos, buenos con los animales, o tienen importantes habilidades con la gente. Por ejemplo, podrían saber exactamente las palabras correctas que deben decir a alguien angustiado. Sin importar lo que hagan, reciben una gran satisfacción por ayudar a todas las cosas vivientes. Estas líneas finas a veces son llamadas "líneas samaritanas".

Cadena familiar

La cadena familiar (I) es una línea similar a una cadena que se encuentra donde el dedo pulgar se une a la palma. (En el capítulo siguiente verá que la cadena familiar divide la segunda y tercera falange del pulgar).

Si esta línea está bien encadenada, la persona tendrá fuertes lazos emocionales con su familia. A la inversa, si la línea es delgada y desencadenada, la persona no tendrá un vínculo emocional con su familia.

La cadena familiar es leída desde el lado del dedo índice del pulgar. Con frecuencia encontrará una línea que aparece claramente encadenada al comienzo, pero luego se convierte en una línea delgada. Esto muestra que la persona poco a poco se ha desatado emocionalmente de su familia.

A veces verá una discontinuidad en esta línea. Esto indica un período de separación de la familia.

Líneas de relaciones

Las líneas de relaciones (J) son líneas finas que aparecen al lado de la palma entre el inicio de la línea del corazón y el dedo de Mercurio.

Las líneas de relaciones son también conocidas como "líneas de matrimonio". Esto no es correcto, ya que la persona de una o más líneas de relaciones no garantiza un matrimonio. Estas líneas indican una fuerte relación, que puede o no ser de carácter sexual.

He encontrado varios hombres casados que no tienen líneas de relaciones en sus manos. Esto significa que el matrimonio es conveniente y cómodo, pero no es de gran importancia para ellos. Nunca he encontrado una mujer casada que no tenga una línea de relación en su palma.

Las líneas de relaciones deben ser claras, estar bien marcadas y encontrarse al lado de la mano hasta la superficie palmar. Esto indica una relación importante duradera. Una línea bien marcada que no se extiende al máximo, es señal de una relación importante que no durará.

Las líneas de relaciones indican un potencial. La presencia de tres o cuatro no siempre sugiere ese número de relaciones fuertes. Si la primera relación es exitosa y duradera, las otras líneas permanecerán inactivas y no serán utilizadas.

Es posible que estas líneas desaparezcan. Si ha tenido una fuerte relación que terminó mal, su mente subconsciente puede borrar la línea de la mano. Sin embargo, el trauma siempre será visible en su línea del corazón. Cuando encuentre otra persona, se formará una nueva línea de relación.

Líneas de los hijos

Las líneas de los hijos (K) son finas líneas verticales que aparecen justo debajo del dedo de Mercurio. A veces traslapan las líneas de relaciones.

Una vez que empiece a leer palmas, con frecuencia le preguntarán "¿cuántos hijos tendré?". Hace cien años era posible responder esa pregunta, pero ahora no es tan fácil.

Gracias a los anticonceptivos podemos elegir cuándo tener hijos o no tenerlos. Por consiguiente, en la mano de una mujer, la línea de los hijos mostrará sólo un potencial. Ella puede escoger realizar su potencial, pero hoy día la mayoría de personas tiene dos o tres hijos. Líneas bien marcadas usualmente —pero no siempre— muestran el número de hijos que tiene. Se dice que las líneas más largas indican los hijos y las más cortas las hijas. Quizás necesitará usar una lupa para determinar esa clase de información.

En la mano de un hombre, estas líneas indican los hijos a los cuales él es cercano. Por consiguiente, si un hombre tiene tres hijos, pero es cercano sólo a dos de ellos, en su mano habrá sólo dos líneas de los hijos. Esto se complica más por el hecho de que podemos tener cercanía con los hijos de otras personas. Por lo tanto, un hombre que nunca tuvo hijos puede tener estas líneas en sus manos. Podría tratarse de los hijos de su pareja, sobrinas o sobrinos, o cualquier otro con el que tenga una relación estrecha.

Líneas de viajes

Las líneas de viajes (L) son las líneas finas que aparecen entre la muñeca y la línea del corazón en el lado de la mano del dedo de Mercurio.

Aunque son llamadas "líneas de viajes", un nombre mejor es "líneas de inquietud", ya que le dan un grado de inquietud a la naturaleza de la persona. Esta intranquilidad interna suele conducir a viajes, y de ahí se deriva el nombre de estas líneas.

Individuos con líneas de inquietud en la mano necesitan cambio y variedad. No les gusta la rutina ni la regularidad.

Líneas bien marcadas representan viajes importantes. El primer viaje de importancia que una persona emprende es considerado el más relevante, y está más marcado. Si alguien frecuenta viajes como parte de su trabajo, cada viaje individual no sería mostrado en la mano. Sin embargo, esta persona tendría varias líneas de inquietud para indicar el deseo de viajar.

Un viaje importante varía de persona a persona. Para alguien que vivió en una pequeña aldea alejada, un viaje de doscientas millas a una ciudad grande sería más importante que un viaje alrededor del mundo hecho por un ejecutivo que cada mes se traslada en avión a diferentes sitios.

Línea de intuición

La línea de intuición (M) comienza en el lado de la mano del dedo meñique (de Mercurio), cerca a la muñeca sobre el montículo ligeramente levantado (monte de la Luna) en la base de la mano. Avanza en arco hacia el centro de la mano (plano de Marte). Esta línea sólo tiene media o una pulgada de largo. Sin embargo, cuando es desarrollada, puede extenderse hasta unirse a las líneas de la cabeza o del destino.

La presencia de una línea de intuición indica que la persona confía en sus presentimientos y sentimientos. Una línea bien desarrollada muestra fuertes capacidades intuitivas. Puede ser un clarividente natural, médium o curador.

Es posible que alguien sea clarividente y curador. Sin embargo, la persona tendrá mayor capacidad en un área que en la otra. Si la línea de intuición avanza hacia la línea de la cabeza, el individuo será un curador natural. Si avanza hacia la línea del destino, es más probable que se interese en la telepatía, la clarividencia y la precognición.

Pliegue símico

El pliegue símico (a veces conocido como la "línea símica") es creado cuando la línea del corazón y la de la cabeza se convierten en una sola línea que cruza la palma (figura 35). Por consiguiente, la lógica y la emoción se entrelazan en una sola línea. Es encontrada en una mano, pero rara vez aparece en ambas.

Estas personas pueden ser muy agradables y fáciles de congeniar con ellas, pero una vez que se deciden por algo es difícil cambiarlas. Son inflexibles y tercas. Debido a que la línea del corazón (emociones) y la línea de la cabeza (lógica) están entrelazadas, encuentran muy difícil expresar sus sentimientos y tienen vidas sentimentales muy intensas y complejas.

Si el pliegue símico es encontrado sólo en la mano menor (la mano izquierda si la persona es derecha), quien la posee habrá tenido una educación protegida y tratará de evitar la responsabilidad.

Cuando es encontrado en la mano mayor, o mano predominante, la persona tendrá propósitos fijos y trabajará por sus objetivos. Sin embargo, también encontrará difícil relajarse y tomar tiempo libre.

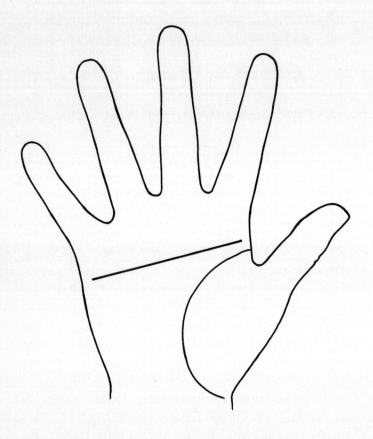

Figura 35: Pliegue símico (líneas de la cabeza
y del corazón combinadas)

Cuando es encontrado en ambas manos, la persona será muy terca e inflexible. Esto puede crear grandes dificultades, y quienes poseen tal característica necesitan una cuidadosa dirección por parte de sus padres desde una edad temprana. La enorme firmeza mental puede ser empleada útilmente en actividades deportivas y en una carrera que requiera precisión y poca intervención ajena.

Quienes poseen un pliegue símico en ambas manos, a veces encuentran difícil distinguir el bien y el mal. Por consiguiente, la persona podría convertirse en un gran criminal o, con una educación un poco diferente, alguien que ayudará a la humanidad de alguna forma.

El pliegue símico es encontrado en las manos de quienes padecen el síndrome de Down. Sin embargo, la mayoría de personas que la tienen son normales y suelen ser muy inteligentes.

5

Los dedos

Muchas personas se sorprenden al descubrir que los dedos tienen un papel importante en la quiromancia. La mayoría tiende a creer que el tema tiene que ver sólo con las líneas de la palma, pero en realidad se puede saber mucho con una simple ojeada a los dedos. Por ejemplo, alguien que muestre las palmas de la mano con los dedos separados, será más abierto y seguro de sí mismo que una persona que mantiene los dedos juntos. En este caso es una señal de cautela y timidez. Cuando los dedos son mantenidos ligeramente separados, indica un individuo pensador y algo independiente.

Ya he mencionado cómo decido en cuál cajero hago fila en el banco, después de establecer la longitud de los dedos de la persona.

En el capítulo 1 se explicó cómo los dedos largos denotan paciencia y atención a los detalles, mientras los cortos sugieren un enfoque más impulsivo, rápido y menos detallado.

Por lo tanto, quienes tienen dedos cortos tienden a ser más impacientes con sus colegas de dedos más largos, porque les gusta hacer el trabajo lo más rápido posible. Son entusiastas e impetuosos para empezar, pero no siempre son buenos para terminar. Como resultado su entusiasmo no siempre dura. También tratan de realizar demasiadas tareas al mismo tiempo.

Quienes tienen dedos largos son prácticamente lo contrario. Son pacientes y disfrutan pasar el tiempo pensando y planeando una tarea antes de comenzar. También les gusta tomar todo el tiempo necesario para terminar con éxito un trabajo. Son detallistas, responsables y metódicos.

Los individuos con dedos de longitud media combinan los rasgos de los dos extremos. Aunque son responsables y detallistas, podrían tomar atajos si la tarea no les interesa. Son pacientes por lo general, pero podrían sufrir de arranques de impaciencia ocasionales.

Espacios entre los dedos

La forma en que las personas sostienen sus manos revela mucho acerca de su personalidad. Los espacios entre los dedos son una extensión de su carácter. Un espacio evidente entre el dedo índice y el medio, por ejemplo, revela a alguien seguro de sí mismo con una buena autoestima. Esta persona defiende lo que cree, y tiende a desarrollar una fuerte fe o filosofía de la vida.

Un espacio evidente entre el dedo medio y el anular, es una señal de alguien que vive el momento y no le interesa o preocupa lo que el mañana traerá. Este espacio es poco común.

Un espacio notorio entre el dedo anular y el meñique es muy encontrado. Quien lo tiene es un pensador independiente que le gusta decidir por sí solo. También puede indicar a alguien que tiene problemas de comunicación. Esta persona tal vez puede hablar con confianza y extensamente acerca de asuntos que no son importantes, pero encuentra difícil expresar sus emociones.

Cuando la mano es sostenida con todos los dedos bien separados, la persona es independiente, despreocupada, simpática y extrovertida. No tiene nada que esconder.

Cuando todos los dedos son mantenidos juntos, la persona es cautelosa, reservada y lenta para hacer amigos. Es probable que a menudo se preocupe por lo que otras personas piensen de él o ella.

Idealmente, necesitamos un equilibrio entre tener todos los dedos bien separados y tenerlos juntos. Un pequeño espacio entre cada uno de los dedos indica a alguien que es amigable, confiado e independiente en su visión de la vida.

Las yemas de los dedos

Las formas de las yemas de los dedos concuerdan con el sistema de clasificación de manos de d'Arpentigny. Son en general cuadradas, espatuladas o cónicas. La mayoría de personas tiene una mezcla de ellas en las manos. Estas personas son polifacéticas, se adaptan con facilidad y tienen un amplio rango de intereses. Sin embargo, incluso teniendo una mezcla de diferentes clases de yemas, un tipo de ellas predominará. Es probable que usen esta característica en sus carreras, y utilicen las demás en pasatiempos y otros intereses.

Quienes tienen yemas cuadradas son conformistas, prácticos, capaces, con los pies sobre la tierra. Son cautelosos, conservadores y metódicos. Les gusta tomar tiempo para meditar las cosas antes de tomar decisiones. Prefieren lo que está probado y tienden a evitar el cambio.

Las personas con yemas cónicas son adaptables, sensibles, idealistas y de mente ágil. Trabajan mejor en ambientes agradables y disfrutan la belleza en todas sus formas. También prefieren las conversaciones mentalmente estimulantes, pero obedecen a sus sentimientos y no a la lógica.

De vez en cuando encontrará a alguien con las yemas de los dedos puntiagudos. Esta es una forma extrema de la cónica. Estas personas son intuitivas, inspiradas, impresionables y tensas. Encuentran difícil manejar la vida, y son más felices en una relación íntima. Sin embargo, son demasiado posesivas y con frecuencia ahogan a sus parejas con una constante necesidad de atención.

Quienes tienen yemas espatuladas (yemas que se abocinan en los extremos) son prácticos, inteligentes, poco convencionales, inventivos y aprecian los nuevos conceptos e ideas. Disfrutan el cambio y se entusiasman mucho por formas nuevas y diferentes de hacer las cosas. Necesitan desafíos y trabajan a gusto cuando lo hacen por su propia cuenta.

A veces encontrará personas con "gotitas" en las yemas de los dedos. Cuando la palma es mantenida mirando hacia abajo, estas gotitas pueden ser vistas sobre las yemas. Quienes las tienen son muy sensibles e intuitivos. Son humanitarios, brindan apoyo con un gran amor por todas las cosas vivientes.

Las falanges

Cada dedo está dividido en tres secciones, conocidas como falanges. La primera falange (la ungular) se relaciona con espiritualidad e intuición. Alguien con esta falange larga en cada dedo, será pensativo e interesado en el lado espiritual de la vida.

La falange media se relaciona con el intelecto de la persona. Quienes tienen largas estas falanges pueden ser exitosos en los negocios.

La falange base se relaciona con los aspectos materiales de la vida. Las personas que tienen estas falanges largas y gruesas son autoindulgentes y tienen un fuerte deseo de gratificación física.

Las falanges base que son ligeramente esponjosas al tacto, indican a alguien que disfruta mucho la comida y puede ser un buen cocinero.

Líneas de agotamiento y estrés

Indicaciones de agotamiento y estrés prolongado aparecen claramente en los dedos (figura 36). Líneas finas y verticales en la falange base son señales de agotamiento. Significa exceso en el trabajo y es necesario tomar unos dos días libres. Incluso un buen sueño nocturno puede afectar estas líneas.

Mucho más graves que las líneas de agotamiento son las líneas de estrés. Éstas son finas y horizontales en las falangetas o falanges ungulares de los dedos. Revelan un estado de estrés y agotamiento durante un largo período de tiempo. Toma tiempo la aparición de estas líneas, y también desaparecen con lentitud. Cada vez que veo estas líneas sugiero que la persona tome unas vacaciones o se retire de la situación

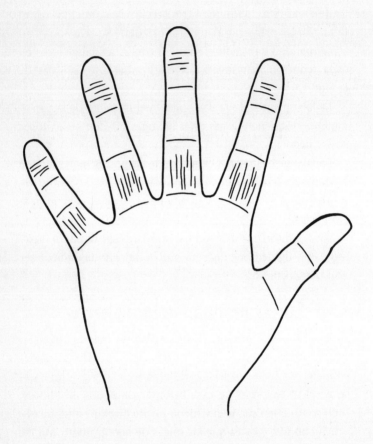

Figura 36: Líneas de agotamiento y estrés

que está causando el estrés. Esto puede no ser fácil, especialmente si el estrés se origina por una relación o presiones laborales.

Si la tensión continúa, las líneas de estrés se mueven a las otras falanges. Cuando esto ocurre, es una señal de que la salud de la persona está en peligro de ser afectada como resultado del estrés continuo.

Dedos derechos y torcidos

Todos los dedos deberían ser derechos. Cuando se tuercen en cualquier dirección, significa que la persona subconscientemente se está subestimando en el área indicada por el dedo curvo, y está ganando apoyo de los otros dedos.

En ocasiones encontrará un meñique que parece estar torcido. Debe ser cuidadoso con tal interpretación, ya que puede ser un rasgo heredado. Sin embargo, también puede ser una señal de posible falta de honradez. Tenga cautela con cualquier transacción financiera que pueda tener con estas personas.

Dedos nudosos y parejos

Los dedos son considerados parejos o nudosos. Estos últimos son los que tienen las articulaciones bien visibles. Estas personas prefieren analizar todo, tomando muy poco por sentado. Aquellos con dedos parejos con más confiados e intuitivos.

En mis clases, hacía que los estudiantes imaginaran ideas entrando al cuerpo a través de las yemas de los dedos. Cada vez que estos pensamientos llegaban a una articulación nudosa, giraban una y otra vez en un proceso de examinación y análisis antes de continuar. Por consiguiente, las ideas y pensamientos entran a las palmas de personas con dedos parejos, mucho más rápido que en personas con articulaciones nudosas. Si conoce a alguien que analiza y discute el más pequeño detalle durante horas, puede estar seguro de que esta persona tiene dedos nudosos.

Las articulaciones nudosas son encontradas con frecuencia en los dedos de personas con manos filosóficas.

Los nudos entre las primeras y segundas falanges son conocidos como "nudos de orden mental". Quienes los tienen son lógicos, metódicos y atentos mentalmente. Siempre actúan de acuerdo a la lógica en lugar de la intuición.

Los nudos entre las segundas y terceras falanges son llamados "nudos de orden material". Estas personas analizan todo en exceso, y esto puede inhibirles su potencial creativo. Quienes poseen nudos de orden material casi siempre tienen abundantes líneas de preocupación en sus palmas.

Ubicación de los dedos

Los dedos pueden estar ubicados en cuatro formas diferentes. La formación más usual es la de un arco suavemente curvado, en la cual los dedos índice y meñique se encuentran un poco abajo del dedo medio y el anular (figura 37). Esto denota una persona sensata, justa, fácil de tratar y no se considera superior o inferior a nadie.

Cuando los dedos índice y meñique están mucho más abajo que el medio y el anular, se denomina formación de arco. Las personas con este rasgo carecen de confianza y tienen grandes dudas acerca de sus capacidades. Les falta autoestima y sienten que no tienen el control de sus vidas.

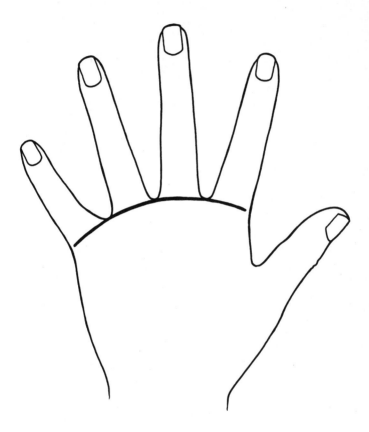

Figura 37: Dedos dispuestos en forma de arco
(persona bien balanceada)

Cuando los dedos están dispuestos en una línea recta, indica alguien seguro de sí mismo y orgulloso de sus capacidades y logros. Si los dedos índice y medio tienen la misma longitud, el individuo será presumido, despiadado, arrogante, y tendrá el aire de superioridad frente a los demás.

El dedo meñique "caído" es una forma común encontrada hoy día. Ocurre cuando los dedos índice, medio y anular están dispuestos en una suave curva, pero el meñique se encuentra considerablemente más abajo (figura 38). Esta es una indicación de que la persona tendrá que aprender de la manera más difícil, debido a decepciones y contratiempos. Todo saldrá bien por un largo tiempo, y luego, de repente, el individuo se encontrará en una difícil situación que tomará mucho tiempo y esfuerzo solucionarla.

Flexibilidad

Si los dedos son flexibles, caracteriza una mente flexible. A menudo actuará siguiendo su intuición y estará abierta a todos los puntos de vista. En casos extremos, donde los dedos parecen tener articulaciones dobles, la persona será excitable y le gustará hablar (por lo general de sí misma).

A la inversa, si los dedos parecen duros y rígidos, el individuo también será inflexible y estará sumergido en su perspectiva de las cosas.

Uñas

Sin pensarlo, todos observamos las uñas y hacemos apreciaciones basados en su condición. Asumimos que alguien con uñas bien cuidadas representan a alguien fino y culto, y lo contrario de alguien con uñas sucias, rotas o sin cortar.

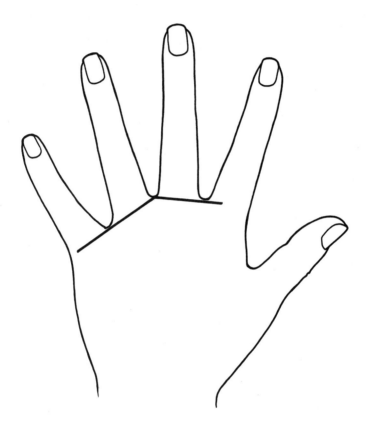

Figura 38: Dedos dispuestos en forma de arco angular
(falta de confianza)

Una de mis clientes en una librería que tenía hace muchos años, siempre trataba de ocultar sus uñas cuando pagaba por sus libros. Ella se avergonzaba por morderse las uñas. Lo más difícil de aceptar era el hecho de que las personas le perdían algo de respeto tan pronto como le veían las uñas. La animé a que visitara un hipnoterapeuta que le curara el hábito. Cuando sus uñas crecieron, su autoestima y confianza aumentaron dramáticamente.

Las uñas varían enormemente. Lo ideal es que sigan la forma del dedo. La uña ideal es ancha y de longitud media. Debe ser un poco más larga que ancha. Las personas con estas uñas son enérgicas, fieles y honestas.

Quienes tienen uñas largas son sensibles y sentimentales. Disfrutan actividades creativas.

Si las uñas son angostas, además de largas, la persona es propensa a ser egoísta y siempre quiere hacer su voluntad. Las uñas angostas siempre son señal de alguien de miras estrechas, firme en su forma de pensar.

Las personas con uñas cortas son duras consigo mismas y sufren de tensión nerviosa. Son impacientes y propensas a criticar.

Si la uña es corta y angosta, y parece pequeña comparada con la yema del dedo, la persona será frugal, tacaña, y si puede evitará gastar dinero. Este individuo se enorgullece de ser parsimonioso.

Canales verticales en la uña pueden ser causadas por una deficiencia en la dieta o nerviosismo extremo. Canales horizontales son originadas por enfermedad o estrés en el momento en que la uña empezó a salir.

Los puntos blancos son causados por estrés y ansiedad. También pueden indicar una deficiencia de calcio.

El color de las uñas también puede dar una indicación de la salud de la persona. La uña ideal es de un tono rosado y no tiene canales ni puntos blancos. Las uñas rojas indican individuos que se sobreexcitan o inquietan con facilidad. Una uña que parece blanca pertenece a alguien anémico. Los problemas son indicados cuando las uñas tienen un matiz amarillento. Un tono azul en las uñas revela problemas de circulación. Si siempre ha tenido un matiz azulado, es probable que la persona sea fría y antipática.

El dedo de Júpiter

Palabras clave: ambición, independencia, confianza, fe y filosofía

El dedo de Júpiter es el índice y denota orgullo, ambición, liderazgo y el ego. En la quiromancia siempre buscamos el equilibrio. Por consiguiente, necesitamos que este dedo tenga casi la misma longitud que el anular (figura 39). Es más fácil determinar las longitudes relativas de los dedos índice y anular mirando el dorso de la mano.

Si el índice es más largo que el anular, el individuo se automotivará y tendrá un fuerte deseo de lograr éxito. En circunstancias normales, esta es una buena cualidad. Sin embargo, muchas personas con dicho rasgo no saben cuándo detenerse, y se precipitan a una tumba prematura.

Si el dedo índice es mucho más pequeño que el anular, la persona no tendrá confianza al comienzo de su vida. Será propensa a detenerse, en lugar de seguir adelante. Esto significa que en los años de crecimiento el individuo pudo ser manipulado por otras personas, y le fue difícil defenderse por sí mismo. Sin embargo, posteriormente en la vida, un dedo de Júpiter más corto que el anular puede ser una ventaja, ya que esta persona sabrá cuándo detenerse, relajarse, y cuándo seguir adelante.

Cuando los dedos índice y anular tienen casi la misma longitud, la persona será razonablemente ambiciosa, pero sabrá cuándo hacer una pausa y relajarse. Tendrá una visión realista de la vida y no desperdiciará tiempo persiguiendo sueños fantasiosos.

El dedo índice debe ser derecho. Si se tuerce hacia el dedo medio, la persona será egocéntrica, sentirá compasión por sí misma y carecerá de confianza. Es una señal de baja autoestima. Necesitará constante apoyo y motivación.

Las falanges deben tener casi la misma longitud. Si la falange ungular es la más larga, la persona tendrá fuertes intereses religiosos y filosóficos. Disfrutará trabajar con otras personas con las ideas similares.

Si la falange media es la más larga, la persona tendrá un enfoque de la vida práctico y positivo. Es probable que posea una aguda inteligencia.

La falange base es la que más quizás tendrá la mayor longitud en el dedo de Júpiter. Esto da un fuerte interés en la filosofía y la religión. Algunas personas con esta combinación adoptan la iglesia como carrera, pero para la mayoría representa una fe que gradualmente desarrollan a lo largo de la vida.

A veces verá un dedo de Júpiter con una falange base muy corta. Los individuos con este rasgo son más felices cuando los dejan hacer lo que se les antoja. Son modestos, se subestiman y no tienen ambición.

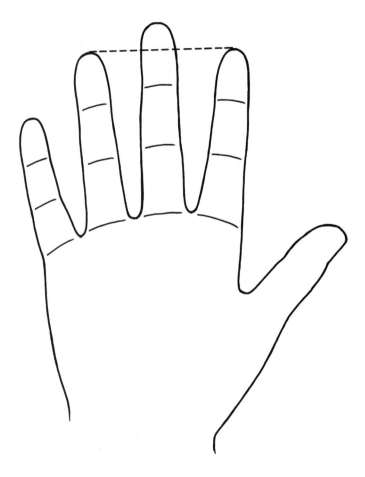

Figura 39: Dedo de Júpiter con la misma longitud
que el dedo de Apolo

Dedo de Saturno

Palabras clave: responsabilidad, limitaciones y sentido común

El dedo medio lleva el nombre de Saturno, el dios romano de la agricultura. Éste era un dios bastante oscuro que dio su nombre a la palabra "saturnino". Por consiguiente, el dedo se relaciona con deber, servicio, restricción, limitaciones y sentido común.

El dedo medio debe ser el más largo en la mano. Si es muy largo en comparación con los otros dedos, la persona será más feliz sola, y necesitará muy poco contacto con los demás. Si es muy corto en comparación con los otros dedos, la persona no tendrá sentido de responsabilidad. En la práctica, la mayoría de gente tiene dedos de Saturno que no son demasiado largos ni muy cortos.

El dedo de Saturno debe ser derecho. Sin embargo, es el que con más frecuencia se tuerce a algún lado. Si se encorva hacia el dedo índice (de Júpiter), la persona se subestimará y será demasiado nerviosa. Una curva en esta dirección a menudo señala complejo de inferioridad (especialmente cuando el dedo de Júpiter es más corto que el anular).

Si el dedo de Saturno se encorva sobre el dedo anular (de Apolo), la persona estará deteniéndose en su capacidad creativa, y necesitará mucha motivación externa. Quienes tienen esta formación son conscientes de sus capacidades, pero prefieren trabajar a medias, en lugar de correr el riesgo de fracasar si se introducen de lleno trabajando duro o toman la tarea con seriedad.

El dedo de Saturno a menudo es mantenido cerca a uno de los dedos adyacentes cuando la mano está abierta. Esto se conoce como "dedo enganchado".

Si el dedo de Saturno casi toca el anular cuando la mano está abierta, habrá un fuerte interés en las artes y sería más feliz trabajando en un campo creativo.

Si este dedo casi toca el dedo de Júpiter, es una señal de que la persona con el tiempo estará en una posición influyente en su carrera.

Si el dedo de Saturno está solo y no se encorva o acerca a un dedo adyacente, indica que cualquier influencia que la persona ejerza, tendrá efecto fuera de su carrera.

Es necesario que las falanges tengan una longitud aproximada. Si la falange ungular es más larga que las otras, la persona será cautelosa, conservadora y orgullosa de su intelecto. Es probable que se sienta superior a quienes son menos dotados. Si dicha falange es muy larga, a expensas de las otras dos, la persona será pesimista, triste y melancólica —en realidad, saturnina—.

La falange media es probablemente la más larga. Esto denota a alguien buen organizador y que disfruta el trabajo detallado. También es concienzudo y metódico. Cuando el dedo es parejo, sin articulaciones notorias, una falange media larga da un interés en lo oculto. Si esta falange es muy corta, comparada con las otras dos, la persona evita el trabajo, desperdiciará su tiempo y logrará pocas cosas.

Una falange base larga da un interés en la agricultura, probablemente la razón por la cual este dedo recibió el nombre de Saturno, el dios de la agricultura. Quienes tienen esta formación disfrutan trabajar la tierra, son buenos jardineros, granjeros, y además les gusta estar al aire libre.

El dedo de Apolo

Palabras clave: creatividad, expresión de la personalidad propia y sentido estético

El anular es conocido como el dedo de "Apolo" o del "Sol". Representa belleza, cultura y creatividad. Un dedo de Apolo de longitud promedio llega hasta la mitad de la uña del dedo de Saturno, y es casi igual de largo al dedo de Júpiter. Si es más largo que éste, la persona tendrá una naturaleza estética y creativa que necesita ser expresada de alguna forma. Si el dedo es muy largo (casi de la misma longitud que el dedo de Saturno), la persona será temeraria y tomará oportunidades riesgosas que la mayoría de gente rechazaría. A menudo, esta formación crea un interés en el juego.

El dedo de Apolo debería ser lo más derecho posible. Si se encorva hacia el dedo de Saturno, es una señal de que la persona tiene un talento creativo que ha sido dejado a un lado mientras se enfoca en algo más trivial. Encontrará esta formación en las manos de muchas personas creativas que no pueden ganarse la vida con su creatividad, y son forzadas a hacer otro trabajo.

Cuando el dedo de Apolo se tuerce hacia el meñique, revela que el individuo subconscientemente está subestimando su capacidad creativa. Conozco a alguien muy talentoso como alfarero, pero nunca está satisfecho con lo que produce. Detrás de su taller hay una pequeña montaña de artículos descartados que él no considera buenos para la venta. Su dedo de Apolo tiene una curva pronunciada hacia el dedo meñique.

Es normal que en este dedo todas las falanges tengan la misma longitud. Quienes poseen esta combinación disfrutan las cosas bellas y trabajan mejor en entornos agradables.

Cuando la falange ungular es más larga que las otras, la persona tendrá grandes ideales y con frecuencia mostrará un talento creativo. Cada vez que veo una falange ungular larga en este dedo, miro la línea de la cabeza de la persona para ver si hace curva hacia la muñeca (indicando una buena imaginación creativa).

La falange media será la de mayor longitud en el dedo de Apolo. Indica un buen gusto natural y la capacidad para usarlo en una profesión. Alguien con esta formación sería brillante vendiendo artículos que personalmente ha encontrado atractivos, pero no podría vender algo que no le guste.

Es raro que la falange base sea más larga que las otras. Esto indica un enfoque de la vida totalmente materialista, con poco interés en las actividades culturales o estéticas. Cuando tienen éxito, a estos individuos les gusta rodearse de objetos costosos, a menudo llamativos, para impresionar a los demás.

El dedo de mercurio

Palabras clave: comunicación, negocios y finanzas, y pensamiento rápido

Mercurio era el mensajero romano de los dioses. Por consiguiente, el dedo meñique se relaciona con la comunicación. También está asociado con el comercio y el sexo.

Un meñique de longitud promedio llega hasta la primera articulación del dedo anular. Entre más largo sea, mejor será la persona en la comunicación. Quienes tienen dedos meñiques cortos encuentran difícil expresarse. Si este dedo es muy corto, el individuo permanecerá emocionalmente inmaduro, y esto se revelará de diferentes formas. Podrían existir problemas sexuales y en las relaciones.

Sin embargo, antes de calcular la longitud del dedo, debe ver cómo está dispuesto en la palma. Como se mencionó antes, muchas personas tienen un meñique "caído", y esto puede hacer que el dedo parezca más corto de lo que realmente es. En estos casos, es necesario que mentalmente lo ubique al nivel de los otros dedos para determinar si es corto, largo o tiene una longitud promedio.

Es importante que este dedo sea derecho, ya que es una señal de honradez. Cuando está torcido, muestra que la persona es potencialmente deshonesta. Cada vez que veo un meñique torcido en la mano de alguien, enfatizo la necesidad de ser cuidadoso y honesto en todos los negocios.

Es raro que las tres falanges en el dedo de Mercurio tengan la misma longitud. La falange ungular casi siempre es la más larga. Ya que esta sección gobierna la comunicación verbal, dicha falange es larga en personas que se ganan la vida usando la voz. Maestros, artistas y vendedores son ejemplos obvios.

Cuando la falange ungular es corta, el individuo encontrará difícil expresarse y parecerá tímido y retraído.

La falange media es por lo general pequeña. Esta sección se relaciona con la comunicación escrita, y la mayoría de personas tiende a evitar esto cuando es posible. Quienes tienen falanges medias grandes son buenos para expresarse con palabras en papel. A veces no lo hacen, pero tienen un claro talento en esta dirección. Encontrará tal formación en las manos de escritores profesionales, por supuesto, pero también en personas que son buenas para escribir cartas o pueden expresar las cosas más claramente escribiéndolas, en lugar de decirlas en voz alta.

La falange base se relaciona con dinero, finanzas y negocios. Alguien con esta formación amará el dinero y será propenso a distorsionar la verdad cuando sea necesario para obtenerlo.

El dedo de Mercurio a veces se tuerce hacia el dedo de Apolo. Esta formación es conocida como el "dedo del sacrificio", y muestra que la persona renunciará a sus propias ambiciones para ayudar a los demás. Es más probable que este rasgo sea encontrado en las manos de quienes están involucrados en las profesiones de curación.

El pulgar

Palabras clave: lógica, fuerza de voluntad, capacidad de razonamiento, independencia y vitalidad

El pulgar juega un papel importante en la quiromancia. Muchos quirománticos, particularmente en la India, colocan más atención a este dedo que a otra parte de la mano. Esto se debe a que revela con claridad el carácter de la persona.

Sólo los primates tienen pulgares opuestos. Los nuestros tienen un nervio radial que está hecho de la misma fibra nerviosa que avanza a través de la columna vertebral y también es encontrada en el centro del cerebro. Este nervio radial nos da la capacidad de razonamiento superior que nos permitió diferenciarnos tanto del resto del reino animal.

En términos generales, entre más largo sea el pulgar, mayor será el grado de éxito que la persona disfrutará en la vida. Se cree que Napoleón tenía un pulgar muy largo. Otros factores también deben ser observados. Alguien con un pulgar grande, pero sin motivación o energía, no conseguirá mucho. Sin embargo, el pulgar grande le permitiría lograr más de lo que hubiera obtenido sin dicho rasgo.

Las personas con pulgares largos son motivadas, persistentes y ambiciosas. También tienen cualidades de liderazgo. Todo esto permite alcanzar sus objetivos.

Quienes tienen pulgares cortos pueden ser adaptables. En ocasiones pueden ser obstinados y tercos, pero carecen de voluntad.

La mayoría de personas tiene pulgares de longitud promedio, que llegan al menos a medio camino de la falange base del dedo de Júpiter. Quienes poseen estos pulgares promedio pueden defenderse cuando sea necesario y tienen un sentido del juego limpio.

La ubicación del pulgar a veces puede hacer difícil determinar si es corto, mediano o largo. Cuando este dedo se encuentra alto en la mano, hacia los otros dedos, la persona será original, extrovertida y aventurera. Cuando está bajo, hacia la muñeca, la persona será prudente y pensará cuidadosamente antes de actuar. La mayoría de personas tiene pulgares que no están ubicados ni altos ni bajos.

Por lo general los pulgares son mantenidos en un ángulo de unos 45 grados de la mano. Esto muestra que las personas son de amplias miras, pero se ajustan a las expectativas y estándares de la sociedad. Entre más ancho sea el ángulo del pulgar, más extrovertido y generoso será el individuo.

Puede ser un ejercicio interesante observar los pulgares de quienes trabajan en televisión. Encontrará un gran número de ellos con un ángulo ancho del pulgar.

Las personas con un ángulo pequeño del pulgar son propensas a ser poco liberales en las ideas, egoístas y negativas. Se preocupan sólo por su familia cercana y tienen poco interés en otras cosas.

Hay dos ángulos o protuberancias que pueden encontrarse en el pulgar. El primero es el ángulo de lo práctico, que es una protuberancia en la parte externa del pulgar, en la base de la falange media. Como su nombre lo indica, aquellos con este ángulo son buenos con sus manos y a menudo prefieren carreras que están "a la mano". Entre más grande sea el ángulo, mayor será el espíritu práctico.

Este ángulo a veces es conocido como el "ángulo del tiempo". No significa puntualidad, pero alguien con esta formación, estará en el lugar indicado en el momento indicado. Este rasgo puede ser muy útil para un cómico, por ejemplo, porque le dará un buen sentido del tiempo.

Algunas personas no tienen ángulo en esta posición. Tales personas no son diestras con las manos, y les iría mejor en un campo donde utilicen su capacidad mental.

El otro ángulo en el pulgar es llamado el "ángulo del tono". Es encontrado en la base del pulgar, donde se une a la muñeca, y da a la persona un buen oído para la música, además de un sentido natural del ritmo.

Muchos artistas tienen ambos ángulos en sus pulgares. Esto significa que tienen buen sentido del tiempo, buen oído para la música y un sentido natural del ritmo.

El pulgar se divide en tres falanges (figura 40). Dos de ellas son evidentes, pero la tercera no. Ésta consta del montículo o monte que está justo debajo del pulgar, rodeado por la línea de la vida. Esta área se conoce como el monte de Venus. Veremos los montes en el siguiente capítulo.

La falange ungular representa fuerza de voluntad, y la falange media se relaciona con la lógica. Ya que en la quiromancia buscamos el equilibrio, necesitamos que estas dos falanges tengan casi la misma longitud. Esto otorga a la persona porcentajes iguales de fuerza de voluntad y lógica; pensará primero y luego actuará.

Si la sección de la yema del dedo (fuerza de voluntad) es más larga que la falange media (lógica), se actuará sin meditar la situación. Quienes tienen esta formación cometen muchos errores a lo largo de la vida, pero en cada ocasión se levantan de nuevo y siguen adelante. A menudo se vuelven muy exitosos, ya que no saben cuándo detenerse.

Es mucho más común encontrar personas con una falange media (lógica) más larga que la ungular. Tales personas tienen abundantes ideas, pero nunca actúan sobre ellas. No se deciden, aplazan las ideas, y sueñan en todas las grandes cosas que harán algún día.

Las yemas del pulgar siguen el sistema de formas de la mano que creó d'Arpentigny hace 150 años.

Si la yema es cuadrada, la persona será práctica, capaz y tendrá un fuerte sentido de lo que está bien o mal.

Si la yema es espatulada, la persona tendrá una mente inventiva y una naturaleza inquisitiva. Siempre se mantendrá ocupada.

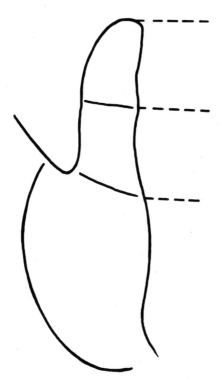

Figura 40: Las tres falanges del pulgar

Si la yema es cónica, la persona será encantadora, elegante y fina. Esta forma a menudo pertenece a un pulgar que tiene una falange media "acinturada". Esto significa que esta falange se tuerce hacia dentro en ambos lados y parece tener cintura. Quienes tienen así la falange media son diplomáticos, humanitarios y discretos. Si conoce a alguien que puede decir "no" de una forma tan cortés que usted está a medio camino de la calle antes de darse cuenta de lo que le dijo, ha encontrado una persona con una falange media acinturada.

Si la yema parece afilarse al final, el individuo será un astuto pensador que puede comunicar malas noticias de manera apropiada.

Si la yema es plana y ancha, la persona será metódica y cuidadosa, deliberando mucho antes de actuar.

De vez en cuando encontrará lo que se conoce como "pulgar de asesino". La falange ungular de este tipo de pulgar parece ser un botón de puerta que descansa sobre la falange media (figura 41). Indica que la persona será tolerante y paciente por un largo rato, pero luego algo trivial lo hará estallar de ira. Quizás esta es la razón por la que dicho pulgar ganó su mal nombre. En realidad, este tipo de pulgar es heredado. Hace muchos años leí la palma de un hombre con "pulgares de asesino", y me dijo que su padre, abuelo e hijo tenían pulgares idénticos.

Figura 41: Pulgar de asesino

Ahora entenderá que la quiromancia es mucho más que líneas de la palma. En el siguiente capítulo vamos a dar un paso más observando los montes.

6

Los montes

Los montes son nueve áreas en la palma de la mano (figura 42). Todos tienen nombres de planetas, mostrando la estrecha asociación que la quiromancia ha tenido con la astrología a lo largo de la historia. Las cualidades de los dioses griegos y romanos que llevaban el nombre de estos planetas, también eran bien conocidas por la población, lo cual originó un sistema de palabras clave para cada monte. Esto se convirtió en un sencillo sistema mnemónico que ayudaba a las personas a aprender y entender los significados de cada dedo y monte. Muchas de estas palabras clave son igual de útiles en la actualidad. Por ejemplo, la palabra "mercurial" viene de Mercurio, y "saturnino" de Saturno.

Los montes revelan los intereses del individuo, y por consiguiente son muy útiles para ayudar a escoger una carrera en la que triunfará. También revelan la cantidad de energía que la persona está preparada a dedicar en esa particular área de su vida.

Son llamados montes porque son salientes sobre la palma de la mano. Sin embargo, esto puede causar complicaciones, ya que no siempre están elevados sobre la superficie.

Un monte alto y bien desarrollado muestra buen potencial en el área indicada por el monte. A la inversa, un monte hundido y subdesarrollado sugiere una falta de promesa o potencial en dicha área. La mayoría de montes de las personas no son altos ni bajos. Por consiguiente, los montes planos deben ser considerados normales.

Puede ser útil ver los montes como bancos de energía. Uno grande y alto contiene mucha más energía que uno plano. Montes grandes revelan los intereses y el entusiasmo del individuo. Todos ponemos más atención a las actividades que disfrutamos hacer. Por consiguiente, aplicamos más energía y entusiasmo en estas áreas que en las actividades que debemos hacer pero no disfrutamos.

La altura y calidad de los montes cambian para reflejar su carácter. (Después de todo, la mano es un mapa de su mente). A veces, estos cambios ocurren con rapidez. Usted puede probar esto por sí mismo, sintiendo los montes en sus manos en diferentes momentos. Examínelos cuando se sienta lleno de energía, y de nuevo cuando esté cansado. Notará una clara diferencia. Si desea ganar más de los atributos positivos de un monte específico, deberá ejercitarlo. Por ejemplo, puede aumentar el tamaño y la calidad de su monte de Venus teniendo sexo con más frecuencia. (También hay líneas de satisfacción sexual en el monte de Venus. Son encontradas al lado de la palma entre la muñeca y el inicio de la falange media del pulgar. Indican el grado de placer que la persona está experimentando en su vida sentimental).

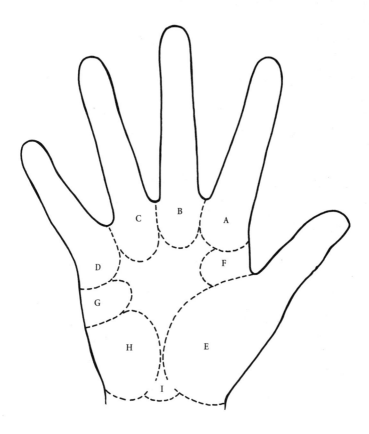

A. Monte de Júpiter
B. Monte de Saturno
C. Monte de Apolo

D. Monte de Mercurio
E. Monte de Venus
F. Monte de Marte interno

G. Monte de Marte externo
H. Monte de la Luna
I. Monte de Neptuno

Figura 42: Los montes

El monte más notorio, y desde luego más fácil de encontrar, es el de Venus, el área de la palma en la base del pulgar que está rodeada por la línea de la vida. También hay un monte en la base de cada dedo. Por ejemplo, el monte de Júpiter es encontrado justo debajo del dedo de Júpiter. Igualmente, el monte de Mercurio se encuentra en la base del dedo de Mercurio.

Debajo del monte de Mercurio, a medio camino bajando por la palma, está el monte de Marte externo, y debajo de éste se encuentra el monte de la Luna.

En la base de la palma, en el centro, entre los montes de la Luna y Venus, está el monte de Neptuno.

Finalmente, entre los montes de Júpiter y Venus está el monte de Marte interno.

Es ideal que los montes sean altos (elevados) y anchos. Los montes altos muestran que la persona está preparada para poner energía y entusiasmo en el área que se relaciona con el monte particular. Los montes anchos indican que la persona también hará esfuerzo mental en esa área.

Se requiere de práctica para localizar y valorar los montes. A menudo es más fácil verlos si la mano es puesta a nivel de los ojos mientras se mira la palma. A veces es complicado porque no todos los montes estarán elevados, y quizás algunos se encontrarán desplazados. Por ejemplo, el monte de Mercurio a menudo está situado entre los dedos de Mercurio y Apolo, y no debajo del dedo al cual se asocia.

Mientras observa los montes, determine cuál es el más prominente. Presiónelo para ver qué tan firme es. Un monte firme muestra que la persona ha ganado conocimiento, el cual está utilizando. Un monte blando revela que la persona ha ganado conocimiento, pero no le está dando buen uso.

Con frecuencia es imposible determinar cuál monte es el dominante en la mano. Todos parecerán estar bien desarrollados por igual. Esta es una señal de confianza y capacidad. Quienes poseen este tipo de manos son ambiciosos, fijan objetivos y los alcanzan con entusiasmo. Por tal razón estas manos son conocidas como "manos afortunadas".

A la inversa, también encontrará manos que parecen no tener montes. Este no es el caso. Todos los montes están ahí, pero no desarrollados. Quienes poseen esta clase de mano carecen de confianza y tienen grandes dudas acerca de sus capacidades. Sin embargo, las manos son un mapa de nuestro potencial. Durante un período de tiempo, es posible cambiar una mano como esta con esfuerzo concertado. No obstante, alguien con una mano que parece no tener montes, tendrá que trabajar con mayor intensidad para alcanzar sus objetivos, que alguien con una "mano afortunada".

Los quirománticos difieren en la cantidad de atención que ponen a los montes. William Benham, en sus dos libros, considera que los montes son el aspecto más importante en la palma.[1] Otros quirománticos, incluyendo a Cheiro, cubren el tema en una o dos páginas. Yo tiendo a estar entre estos dos extremos. Los libros de William Benham fueron la mayor influencia en mi carrera quiromántica, y he pasado mucho tiempo investigando y estudiando los montes. Si ellos prácticamente saltan para saludarme cuando miro por primera vez las manos de alguien, les pongo más atención que a cualquier otra parte. Si no son notorios en un principio, lo cual es usual, los examino después de valorar la forma de las manos y las líneas principales. Por lo general uso los montes para determinar los intereses de la persona y confirmar otros factores que he visto en la mano.

Monte de Júpiter

Palabras clave: jovial (de Jove, la forma romana de Júpiter), benevolencia, generosidad, independencia, filosofía, liderazgo, ambición, confianza y justicia

El monte de Júpiter (A) se encuentra en la base del dedo índice. Un monte alto y ancho que esté situado directamente debajo del dedo, revela a alguien con inteligencia, buena autoestima y cualidades de liderazgo. Esto da a la persona el deseo y la ambición de alcanzar sus objetivos y tener éxito.

Es posible encontrar un monte de Júpiter bien desarrollado en las manos de líderes religiosos carismáticos y personas con vida pública. Cuando este monte es fuerte, todos los demás montes en la mano también lo serán. Nunca he visto un monte de Júpiter fuerte en una mano que tenga montes débiles o negativos. Cuando es incompleto, o incluso plano, habrá autoestima y no tendrá confianza. Carecerá de ambición y se sentirá incómoda en situaciones sociales.

Si el monte es alto, pero se siente esponjoso al tacto, el individuo será presumido y egotista, siempre deseando ser el centro de atención. Es probable que tenga excesos en algo que le interese; la comida es una de las áreas más probables.

Los montes bajo los dedos deberían ser encontrados debajo del dedo al cual se asocian. Pero, con frecuencia están desplazados, y esto altera la interpretación. Si el monte de Júpiter está desplazado hacia el lado de la mano, la persona será egotista. Si está desplazado hacia el dedo de Saturno, será consciente de sí, pensativa e interesada en aprender. A veces se encontrará desplazado hacia el pulgar. Aquí la persona será bien consciente de la herencia y antecedentes de su familia, y esto influenciará sus actos.

Monte de Saturno

Palabras clave: saturnino, valores tradicionales, confiabilidad, responsabilidad, conciente, introspectivo y solitario

El monte de Saturno (B) es encontrado bajo el dedo del mismo nombre. Usualmente es el menos prominente en la mano, lo cual es favorable, ya que se relaciona con las cualidades saturninas. Cuando está bien desarrollado, el individuo será conciente y trabajará con intensidad, pero también será melancólico y solitario. Disfrutará el trabajo complicado y detallado, y que pueda ser hecho con poca o ninguna intervención de los demás. Encontrará difícil expresar amor y afecto. Quienes poseen un monte de Saturno bien desarrollado tienen un fuerte interés en la filosofía, la religión y la ley. Disfrutan la investigación y encontrar verdades ocultas que yacen bajo la superficie.

Muchas personas tienen un área plana bajo el dedo de Saturno, y no poseen ninguna de las cualidades negativas que pueden ser creadas por este monte. Tales personas son independientes y pueden pasar tiempo a solas sin sentirse en soledad.

Si el monte de Saturno está desplazado hacia el dedo de Júpiter, la persona ganará optimismo y actitud positiva. Esto también ocurre cuando el monte está desplazado hacia el dedo de Apolo. Sin embargo, estas personas necesitarán mucho tiempo a solas.

Monte de Apolo

Palabras clave: entusiasmo, apreciación de la belleza, creatividad, expresión de la personalidad propia, armonía y habilidades de comunicación

El monte de Apolo (☉) es un monte positivo que se encuentra en la base del dedo de Apolo o anular.

Si está bien desarrollado le da al individuo entusiasmo, habilidades con la gente, buen gusto y un ojo astuto para oportunidades de hacer dinero. También será polifacético, se adaptará a las situaciones y congeniará fácilmente con los demás. Disfrutará entretener y ser entretenido.

Si este monte es ancho, además de alto, la persona será presumida y tenderá a exagerar. Tendrá el deseo de impresionar a los demás.

Si este monte es blando y esponjoso, la persona fantaseará acerca de las grandes cosas que va a lograr, pero rara vez hará algo para alcanzarlas. Esta persona usará encanto y entusiasmo para llevar consigo a otros en sus vuelos de fantasía, y le creerán, al menos por un tiempo. Será autoindulgente, presumida y poco sincera.

A veces parecerá que este monte no existe, lo cual es una señal de que la persona carece de imaginación y tiene poco interés en actividades estéticas. Sin embargo, será práctica al extremo.

El monte de Apolo a menudo es relacionado con la creatividad. Si está desplazado un poco hacia el dedo de Saturno, la persona tendrá un mayor interés en crear cosas bellas que salir en público. Por ejemplo, podría escribir obras, en lugar de actuar en ellas. Esta localización también significa que la persona siempre se relacionará bien con la gente joven y tendría éxito en una carrera que involucre niños.

Si este monte se encuentra un poco desplazado hacia el dedo de Mercurio, la persona estará interesada en actuar, dirigir y producir. Disfrutará ser el centro de atención. Es interesante observar que esta ubicación también le da una afinidad con todas las cosas vivientes, por eso puede interesarse en la jardinería o en tener varias mascotas.

Monte de Mercurio

Palabras clave: comunicación, habilidades verbales, rapidez mental, espontáneo y mentalmente alerta

El monte de Mercurio (D) está situado en la base del dedo meñique. Se relaciona con el pensamiento claro y la expresión de la personalidad propia.

Quienes tienen este monte bien desarrollado se interesan en el mundo que los rodea, y disfrutan las competencias y los desafíos mentales. Son divertidos, afectuosos y congenian fácilmente con la gente. Son buenos compañeros, padres y amigos. Triunfan en los negocios, ya que son astutos y buenos jueces del carácter. Todo esto es acentuado si el dedo meñique también es largo.

Si los montes de Apolo y Mercurio están bien desarrollados, el individuo tendrá un considerable potencial como orador y se interesará en el debate y la oratoria.

Si el monte de Mercurio no está desarrollado, es probable que la persona sea poco sincera, engañosa y llena de planes grandiosos pero poco prácticos. Es posible que tenga problemas de comunicación en sus relaciones cercanas.

Este monte se encuentra desplazado hacia el monte de Apolo, lo cual da a la persona un enfoque de la vida alegre, despreocupado y positivo. Esta negativa a tomar algo con seriedad, puede a veces ser una desventaja. Si este monte está desplazado hacia el lado de la mano, mostrará un asombroso valor al enfrentar el peligro.

A veces, los montes de Apolo y Mercurio parecen ser un solo monte grande. Quienes tienen esta formación son muy creativos. Pueden hacer las cosas bien en cualquier campo que involucre creatividad y comunicación, pero necesitan la guía de otras personas para evitar esparcir sus energías en demasiadas direcciones.

Monte de Venus

Palabras clave: pasión y amor por la vida, entusiasmo, amor, sensualidad, vitalidad y fortaleza

El monte de Venus (E) se encuentra en la base del dedo pulgar y está rodeado por la línea de la vida. Se relaciona con amor, afecto, pasión y vitalidad.

Si este monte es muy alto, la persona será positiva, entusiasta, amorosa y comprensiva. Disfrutará a fondo la vida y estará más feliz en una relación apropiada. Será apasionada por la vida y tendrá mucha energía y entusiasmo.

Este monte es un factor importante para determinar compatibilidad. La altura del monte revela qué tan apasionado es el individuo. Una relación donde una persona posee un monte de Venus alto, pero la otra lo tiene casi plano, experimentaría grandes problemas. En la práctica, necesitamos que la altura de los dos montes sea casi igual.

La línea de la vida determina qué tan ancho es el monte. Un monte de Venus grande revela a alguien generoso, comprensivo y considerado. También será cálido, entusiasta y receptivo.

Un monte de Venus angosto, creado cuando la línea de la vida está ceñida al pulgar, indica a alguien prudente, apático y carente de energía y pasión.

Monte de Marte

Palabras clave: valor, determinación y persistencia

Hay dos montes de Marte, conocidos como interno y externo. Marte interno (F), a veces llamado Marte positivo, se encuentra dentro de la línea de la vida, entre el dedo de Júpiter y el pulgar. Es el pequeño trozo de carne que se dobla cuando el pulgar es movido.

El monte de Marte interno revela si la persona puede o no defenderse por sí misma. Se relaciona con la agresión, y también muestra qué tan valiente es el individuo físicamente. Este monte debe ser firme al tacto. Quienes poseen fuertes montes de Marte internos, a menudo siguen carreras donde estas cualidades pueden ser utilizadas. La policía y las fuerzas armadas son dos ejemplos. Si este monte es blando y esponjoso, la persona carecerá de confianza y será incapaz de defenderse sola.

Directamente al otro lado de la palma desde este monte, se encuentra el monte de Marte externo (G), a veces conocido como Marte negativo, que está situado entre las líneas de la cabeza y del corazón. A veces, la línea de la cabeza termina en este monte, pero la del corazón siempre está debajo de él.

El monte de Marte externo se relaciona con el dominio de sí mismo y el valor moral. Cuando este monte es firme al tacto, la persona puede resistir todo lo que la vida le pone en su camino, y seguir adelante mucho tiempo después que los demás se han rendido.

Si uno de estos montes es fuerte, es probable que el otro también lo sea. Sin embargo, si uno de los montes es firme, la persona defenderá a sus amigos y cualquier cosa en la que crea fielmente.

Los montes de Marte fuertes son esenciales para el éxito en cualquier campo competitivo, tal como los deportes. Esto se debe a que el monte da a la persona suficiente energía, resolución, agresión, persistencia y un fuerte deseo de ganar.

El área en el centro de la palma entre estos dos montes, se conoce como plano de Marte. Al igual que los montes, debería ser firme al tacto. Una buena forma de probar esto es poner los dedos en el dorso de la mano de la persona, mientras se aplica presión con el pulgar sobre el otro lado.

Cuando el plano de Marte está firme, todas las líneas que lo cruzan (del destino, de la cabeza y del corazón) pueden ser usadas al máximo. Cuando el plano de Marte es débil o esponjoso, la persona será fácilmente influenciada por los demás y cometerá grandes errores al escoger amigos. Muchos adolescentes tienen un plano de Marte débil, pero suele volverse firme a medida que maduran.

Monte de la Luna

Palabras clave: sensibilidad, emociones, subconsciente, creatividad, imaginación, intuición y viajes

El monte de la Luna (H) está situado al otro lado de la palma desde el pulgar, en la base de la mano al lado del meñique. Se relaciona con la naturaleza emocional de la persona, y también gobierna su imaginación y creatividad. También está asociado al misticismo, la espiritualidad y la intuición.

Al igual que los otros, este monte debe ser firme al tacto. También debe tener un claro ápice, que es una marca protuberante en la piel, similar a las huellas dactilares. Esto denota una imaginación aguda y creativa. Sin embargo, si este es el principal monte de la mano, la persona será propensa a soñar despierta y le faltará el empuje y la persistencia que requiere para alcanzar sus sueños. Si es el monte dominante en la mano de un hombre, es probable que éste sea afeminado. Si es el dominante en la mano de una mujer, quizás ella será frívola y superficial.

Si el monte de la Luna es alto, la persona tendrá un fuerte interés en los viajes.

Si este monte es deficiente o no aparece, la persona tratará sólo con hechos concretos y no se interesará en fantasías o la imaginación.

Monte de Neptuno

Palabras clave: habilidades al hablar, rapidez mental y
  conexión entre el consciente y el subconsciente

El monte de Neptuno (I) se encuentra en la base de la mano,
junto a la muñeca, y uniendo los montes de Venus y de la
Luna. Cuando es firme, crea una superficie nivelada en la
base de la mano donde se encuentran los tres montes.

Un monte de Neptuno bien desarrollado da a la persona
la capacidad de hablar en público y pensar con rapidez. Suele encontrarse en las manos de artistas y personas que deben
hablar en público.

Este monte conecta a Venus con la Luna, y esto simboliza
nuestras energías conscientes y subconscientes. Si es igual en
altura a Venus y la Luna, la persona puede sugerir buenas
ideas y hacerlas realidad.

7

El cuadrángulo

El cuadrángulo es el nombre dado a la parte de la mano que se encuentra entre las líneas del corazón y de la cabeza. En la mayoría de personas estas líneas se hayan separadas entre media y una pulgada la mayor parte de su longitud, ensanchándose en cada extremo (figura 43). En manos más grandes el espacio será proporcionalmente mayor.

El cuadrángulo debe ser firme al tacto y no demasiado profundo. Entre más profunda sea esta área, más introspectiva será la persona.

Aquellos con cuadrángulos de término medio congenian con la gente y son bien equilibrados y estables. Están preparados para ayudar a los demás cuando sea necesario y tienen un buen sentido del humor. También poseen un buen equilibrio entre emoción y lógica, especialmente si las líneas del corazón y de la cabeza se encorvan al final.

Si las líneas de la cabeza y del corazón están cerca en gran parte de su longitud, se carecerá de imaginación. Puede ser tacaña, de miras estrechas y sin humor. Hay una tensión nerviosa presente cuando el cuadrángulo es demasiado angosto.

Cuando las líneas de la cabeza y del corazón están bien separadas, la persona será independiente, sociable y congeniará con los demás. Sin embargo, también es probable que sea crédula, fácilmente guiada y muy inclinada a complacer. Entre más separadas estén las líneas de la cabeza y del corazón, más informal y extrovertido será el individuo.

El espacio entre estas dos líneas determina qué tan generosa será la persona. Un espacio angosto revela a alguien con características de avariento, mientras un espacio grande indica a alguien generoso en todas las formas, no sólo con dinero.

A veces el cuadrángulo tiene una formación "acinturada" donde los extremos son mucho más anchos que el centro. El área dentro del cuadrángulo denota los años de 35 a 49. Cuando el cuadrángulo está "acinturado", la persona se sentirá inquieta, inestable y sin confianza durante ese período de tiempo.

A menudo, el cuadrángulo tiene forma irregular, siendo mucho más ancho en un extremo. Estas personas pueden estar en la cima del mundo en un momento, y poco después abajo en las profundidades.

Si el cuadrángulo es más ancho en el lado de la percusión (el lado del meñique) de la palma que en el otro extremo, la persona será sensible, sensata y congeniará fácilmente con los demás.

Si el cuadrángulo es más angosto en el lado de la percusión que en el otro extremo, la persona encontrará difícil expresar sus sentimientos en voz alta. También es probable que sea terca y tenga una inflexible visión de las cosas.

Figura 43: El cuadrángulo

Líneas dentro del cuadrángulo

Idealmente, no debemos tener líneas dentro del cuadrángulo, excepto por aquellas como la línea del destino, que siempre lo atraviesan. La hepática (línea de la salud) es otro ejemplo. Otras líneas tienden a dificultar el progreso, además de causar confusión y preocupación. Una ausencia total de líneas en el cuadrángulo tampoco es buena. Indica que la persona no está creciendo ni madurando en su camino por la vida. Marcas, tales como cruces, estrellas o cuadrados, son una buena señal cuando se encuentran dentro del cuadrángulo. (Veremos estas marcas en el siguiente capítulo).

El período marcado por el cuadrángulo (edades de 35 a 49) es importante. La persona aún es joven, pero ha ganado madurez y es probable que esté revalorando su progreso hasta ese momento, antes de seguir adelante. Muchos experimentan un total cambio de dirección durante esta etapa. Lo más probable es que se trate de un cambio de carrera o pareja, pero los cambios pueden ser en cualquier área de la vida del individuo.

En este período, la persona está cosechando los beneficios de todo lo que ha hecho hasta ese momento. Si todavía no se ha logrado algo, es probable que este sea un tiempo de sobriedad en que se da cuenta de que todos los sueños de su juventud nunca se harán realidad, a menos que comience a forjarlos rápidamente.

Es común que quienes no han logrado algo, prácticamente se rindan en esta etapa y pasen el resto de la vida culpando a los demás por su falta de éxito. Estos individuos tendrán una línea del destino que termina dentro del cuadrángulo.

Todos tenemos el poder y la capacidad de cambiar. He visto varios casos donde la línea del destino empezó a alargarse cuando la persona se dio cuenta que sentarse y quejarse no iba a solucionar nada, y si quería progresar debía comenzar a actuar. Una vez que las personas sean conscientes de eso y empiecen a aplicar el viejo adagio "si ha de ser, depende de mí", sus líneas del destino crecerán para reflejar este cambio de perspectiva.

Quienes ya han alcanzado un grado de éxito, es probable que usen este tiempo para progresar más. En estos casos la línea del destino posiblemente se extenderá mucho más allá de la línea del corazón.

En ocasiones verá una línea del destino que se divide en una serie de pequeñas líneas o puntos dentro del cuadrángulo. Esta es una señal de fracaso total hasta el punto que la persona carece del deseo o la fuerza para intentar de nuevo conseguir el éxito. Esta es una tragedia, pero también he visto ejemplos en que personas con tal rasgo han tomado el control de sus vidas, y creado una línea del destino que avanza otra vez. Es en casos como estos donde un quiromántico sensible y bondadoso puede ayudar, guiando y motivando a la persona para que inicie una nueva vida.

Es común ver una cruz grande dentro del cuadrángulo. Una parte de la cruz está formada por la línea del destino, y ésta es atravesada por otra línea diagonalmente. Es una señal de éxito final, pero después de muchas dificultades. Cada vez que la veo en una mano, estimulo a la persona a que sea persistente, porque esta cruz puede ser muy frustrante, incluso para quienes suelen ser pacientes.

De vez en cuando encontrará otra cruz dentro del cuadrángulo, formada por dos líneas secundarias. Ésta se conoce como la cruz mística, y quienes la poseen tienen un fuerte interés en el mundo psíquico.

El gran triángulo

El gran triángulo está formado por tres líneas principales. Dos lados son formados por las líneas de la vida y de la cabeza. El tercero usualmente lo forma la línea del destino, pero puede ser la línea hepática (de la salud).

La mayoría de personas tiene un gran triángulo en las manos. Si está bien formado, la persona será amable, comprensiva y de amplias miras. Es ideal que este triángulo sea lo más grande posible. Si es pequeño, se relaciona con egoísmo e intolerancia.

El triángulo debe ser fácil de encontrar en la mano. Cuando es apenas visible o está mal definido, es una señal de debilidad de carácter.

En la quiromancia india se cree que si los tres ángulos del triángulo están cerrados, la persona será buena para ahorrar dinero.

Si el ángulo está cerrado y bien formado, la persona será fina y tendrá buen gusto. También es una señal de cautela, como usted ya lo sabe. Si es grande el grado del ángulo, la persona carecerá de sentido estético y será ordinaria y tosca. Además, si el ángulo está abierto, será independiente e impulsiva.

El ángulo formado por las líneas de la cabeza y del destino debe ser grande, e indica buena salud y rapidez mental.

Si las líneas de la vida y del destino están unidas en un comienzo del gran triángulo, indica una naturaleza dependiente. Entre más separadas estén al comienzo, más generosa e independiente será la persona.

El aspecto más importante del gran triángulo es que revela cuándo la persona está a punto de lograr un enorme éxito. Si alguien ha trabajado duro en su carrera durante muchos años, y luego hace repentinamente un avance inesperado y se vuelve famoso, puede estar seguro que este avance ha estado visible en la palma durante un corto tiempo antes de que ocurriera.

Si al estudiar una mano observa el gran triángulo, puede tener la seguridad de que el éxito arrollador es inminente. A veces, el gran triángulo es tan notorio, que parece saltar de la palma.

8

Marcas en la mano

La mayoría de líneas más finas y marcas en la mano son causadas por estrés, tensión y preocupación. Así, las personas tensas parecen tener miles de líneas en sus manos, mientras aquellos más apacibles pueden tener sólo unas pocas.

Hay varias marcas en la mano que pueden ser identificadas e interpretadas, tales como cuadrados, rejas, cruces, estrellas y círculos (figura 44). Los cuadrados son mucho más importantes que las otras marcas.

Marcas menores pueden aparecer y desaparecer con rapidez. Si está pasando por un período difícil y siente que no puede manejar la situación, podría aparecer unas pocas estrellas en sus manos. Pero, tan pronto como su vida vuelve a su equilibrio, las estrellas poco a poco desaparecerán.

Cuadrados

Hay dos tipos de cuadrados. Los protectores, como su nombre lo indica, ayudan a proteger y alimentar. Otros cuadrados sugieren restricciones y limitaciones. Podemos encontrar ambos tipos en la línea de la vida.

Un cuadrado protector encierra una discontinuidad en una línea. Es encontrado protegiendo un espacio en la línea de la vida. Es una señal favorable, e indica que la persona tendrá suficiente energía y fortaleza de carácter para manejar una situación peligrosa. En la línea de la vida, si el cuadrado no había estado presente, la persona puede haberse enfermado de gravedad. En otras líneas, es una indicación de que al final superará las dificultades indicadas por la línea.

Un cuadrado en la línea de la vida que no cubre una discontinuidad, es un ejemplo de cuadrado restrictivo. Esta es una señal de confinamiento. Significa cárcel, por supuesto, aunque he visto algunos ejemplos de personas con este rasgo que se sentían atrapadas en una situación sin saber cómo librarse de ella. En este caso, otras indicaciones en la mano revelarán las razones por las que la persona se sentía atrapada y confinada.

Los cuadrados de confinamiento pueden ser removidos cambiando la forma de vida. Un cuadrado en el monte de Venus que no esté pegado a la línea de la vida, indica un período de encierro emocional. Una señora a la que le leí la mano hace algunos años, tenía varios de ellos en su palma. Ella era una persona codependiente que tenía una historia de abusos por parte de todos sus compañeros. Esto era revelado por una línea del corazón encadenada, además de los cuadrados en el monte de Venus.

Cuadrado del maestro

El cuadrado del maestro es creado por cuatro líneas secundarias en el monte de Júpiter o justo debajo de éste. Es una señal de que la persona puede transmitir conocimiento y

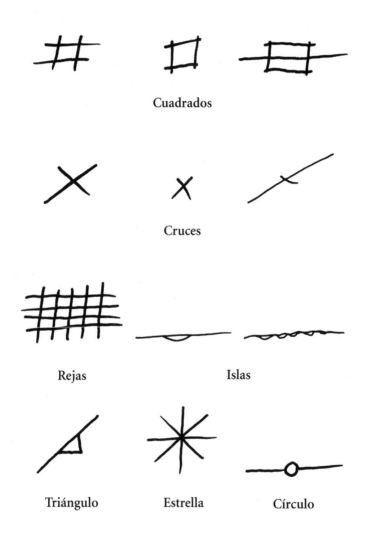

Cuadrados

Cruces

Rejas   Islas

Triángulo   Estrella   Círculo

Figura 44: Marcas en la palma de la mano

ser entendido con facilidad. Estas personas son maestros naturales y pueden explicar las cosas claramente. Sin embargo, muchos no tienen esta indicación en sus manos. Quienes son arrastrados a la enseñanza, es improbable que tengan este cuadrado en sus palmas.

Es muy posible que encuentre el cuadrado del maestro en las manos de individuos que no tienen ningún deseo de enseñar. Ellos habrían sido excelentes maestros, y el talento que tienen surgirá de diferentes formas. A menudo, en alguna etapa de sus vidas, usarán esta habilidad, tal vez dirigiendo talleres o clases en un hobby o actividad de su agrado.

Casi todos recordamos un profesor que nos ayudó, y desde luego debe haber tenido el cuadrado del maestro en su mano.

Rejas

Las rejas son creadas por varias líneas secundarias que crean un patrón de líneas cruzadas que se asemeja a una reja. Se encuentran en los montes, son negativas e indican que la persona desperdicia mucho tiempo y energía, debido a que no meditó algo antes de actuar. Esto puede ser muy frustrante para el individuo, ya que a menudo puede no ver la situación con claridad.

Si una reja está situada donde debería encontrarse un monte, pero éste es plano e invisible, se considera como señal de una naturaleza emocional fría. En un monte de tamaño normal, la reja reprime las características positivas del monte y a menudo aumenta las negativas.

En el monte de Venus, una reja acentúa la pasión natural del individuo. También se relaciona con falta de control.

En el monte de la Luna, crea una imaginación inquieta y dispersa. Quienes la tienen aquí están descontentos y es difícil complacerlos.

En el monte de Júpiter, tiende a hacer que la persona sea egoísta, vanidosa y orgullosa.

En el monte de Saturno, acentúa la tristeza saturnina natural. Da a la persona un enfoque mórbido de la vida.

En el monte de Apolo, aumenta el deseo de fama, pero también motiva a la persona a esparcir sus energías. Quienes tienen este rasgo a menudo son presumidos, propensos a mostrarse.

En el monte de Mercurio, muestra que la persona no vacilará en decir la verdad cuando le conviene. Las personas con este rasgo son deshonestas en pequeñas cosas.

Cruces

A veces encontrará una línea secundaria que atraviesa una línea principal, creando una pequeña cruz en la palma. Esta es una señal de cambio. Tendrá que examinar la línea principal, para determinar si el cambio es positivo o negativo. La cruz debe ser clara para ser interpretada. Una cruz negativa se relaciona con decepciones y contratiempos.

Otras cruces pueden ser formadas por dos líneas secundarias. Deben verse fácilmente para ser interpretadas. Esto es debido a que las personas con una disposición nerviosa tienen manos con muchas líneas finas, de las cuales la mayoría son ignoradas en una interpretación.

Las cruces formadas por dos líneas secundarias son, con sólo dos excepciones, negativas, y pueden ser señales de advertencia. Una cruz que toque la línea del destino, indica la probabilidad de un accidente. Una que toque la línea de la vida, sugiere dificultades en el hogar y la familia. Una que toque la hepática, indica una inminente enfermedad.

Ya que estas cruces son advertencias, el problema indicado puede ser prevenido con la acción correcta. Por ejemplo, si tiene una cruz que toca su hepática, debería poner atención al bienestar físico. Hágase un chequeo médico. Tal vez necesite revisar su dieta y la cantidad de ejercicio que hace. Tomando medidas de precaución, la cruz desaparecerá.

Hay dos tipos de cruces positivos. Una cruz dentro del cuadrángulo, creada por la línea del destino y una línea secundaria, es señal de éxito final. Sin embargo, es logrado después de mucho trabajo y dificultades. Por consiguiente, aunque es una marca positiva, también puede ser muy frustrante, ya que todo parece requerir un tiempo indefinido para ser alcanzado.

Una cruz en el monte de Júpiter, creada por dos líneas secundarias, es una señal de que la persona está lista para seguir adelante en una nueva dirección. Con frecuencia involucra una nueva pareja, pero también se relaciona con autoentendimiento y crecimiento espiritual.

Una cruz en los otros montes es señal de un gran obstáculo que debe ser superado. Si está en el monte de Mercurio, por ejemplo, indica que la persona tendrá una gran dificultad para expresarse.

Islas

Las islas son pequeños óvalos en una línea principal. Una serie de ellas crea un efecto de trenzado a lo largo de la línea. Son encontradas en la línea del corazón y se relacionan con altibajos emocionales. En la línea de la vida, las indican períodos de enfermedad. En otras líneas están asociadas a incertidumbre, frustración e indisposición a seguir adelante.

Triángulos

A veces se encuentran pequeños triángulos en la palma, y muestran que la persona tiene una mente astuta y puede entender con rapidez lo esencial de una situación. Por lo general se encuentran en los montes y aumentan la cualidad del monte en que están. Un triángulo siempre es una señal positiva, y a menudo indica que la persona encontrará el éxito en una carrera creativa o científica. Un triángulo en el monte de Venus, es una señal de que la persona se casará por dinero y la relación también tendrá éxito. Un triángulo le da a quien lo tiene una gran claridad mental en el campo indicado por el monte.

Estrellas

Una estrella es creada por cuatro o cinco líneas secundarias que se cruzan entre sí para crear una marca de dicha forma en la mano. Es una señal positiva cuando es encontrada en uno de los montes, pero se considera negativa en cualquier otra parte. Cuando está en un monte, sugiere que la persona podría alcanzar un gran éxito en el campo indicado por el monte particular. El mejor lugar para encontrar una estrella es el monte de Júpiter. Esto significa que la persona será reconocida y honrada por sus logros.

En otras partes de la mano, la estrella indica una situación que la persona no puede manejar o controlar.

Círculo

Es muy raro encontrar un círculo perfecto en la palma. En la mayoría de las partes de la mano se considera una señal de debilidad. Sin embargo, cuando es encontrado en el monte de Apolo, es considerado una indicación de gran éxito e incluso fama.

Puntos y manchas

Puntos y manchas en cualquiera de las líneas principales, indican un bloqueo de energía. Deben estar mellados en la palma para ser interpretados.

En la línea de la vida, es probable que un punto o mancha sea una enfermedad física. En la línea del corazón, indica un trauma emocional. (La única excepción a esto es un punto blanco en la línea del corazón, lo cual sugiere una relación amorosa fuerte, lograda después de una gran dificultad).

En la línea de la cabeza, un punto o mancha indica un período de negatividad, con el potencial de fracaso.

En la línea del destino, sugiere un período en que la persona revisó su carrera hasta ese momento.

Ninguna de las anteriores marcas debe ser interpretada por separado. Siempre necesitará confirmar lo que lee observando otras partes de la mano.

9

Marcas protuberantes en la piel

Una detallada observación de la superficie de la palma de la mano, muestra que además de las líneas y marcas ya vistas, está compuesta de marcas protuberantes muy finas que los doctores llaman montículos epidérmicos. Es posible que necesite una lupa para examinarlas.

Las marcas protuberantes más conocidas son las huellas dactilares. Los chinos fueron los primeros en reconocer la unicidad de las huellas, y las usaron para propósitos de identificación hace cientos de años. En 1880, Henry Faulds, un doctor británico, descubrió que las marcas en los dedos podían ser usadas para identificar a cualquier individuo. En 1892, Sir Francis Galton probó que no había dos huellas dactilares iguales. Desde entonces, se han convertido en el principal método para identificar criminales en todo el mundo.

En 1926, el doctor Harold Cummins descubrió que ciertos tipos de huellas dactilares y montículos epidérmicos se encontraban en el setenta por ciento de los casos de síndrome de Down conocidos.[1] El doctor Cummins también propuso el término "dermatoglíficos" para describir las finas marcas protuberantes en la piel. Junto a Charles Midlo escribió *Fingerprints, Palms and Soles*, que fue publicado en 1943.[2] El estudio de Cummins creó un nuevo campo de medicina diagnóstica que juega un papel cada vez más importante en todo el mundo.

Las huellas dactilares aparecen en tres variaciones principales: lazos, espirales y arcos (figura 45). De estos, los lazos son los más comunes.

Lazos

Las personas con lazos en los patrones de huellas dactilares pueden adaptarse a la mayoría de situaciones. Son polifacéticas y trabajan bien con los demás. Sin embargo, a veces tienen problemas para mantener bajo control sus sentimientos, y pueden esparcir sus energías sobre un área muy grande. También se aburren con facilidad y necesitan variedad en sus vidas para estar felices.

Un lazo en el dedo de Júpiter hace a la persona elegante, encantadora, muy polifacética y de fácil adaptación. Será atenta y humanitaria.

Un lazo en el dedo de Saturno indica a alguien sin ideas fijas sobre algo. Este individuo disfrutará temas que puedan ser considerados dignos de discusión, pero cambiará de parecer según la audiencia.

Un lazo en el dedo de Apolo aumenta la apreciación por las cosas bellas. Esta persona disfruta estar a la vanguardia de cualquier moda nueva, y siempre está tratando de retar los límites.

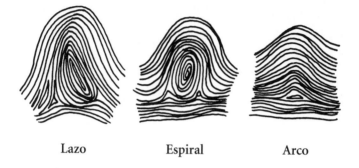

| Lazo | Espiral | Arco |

Figura 45: Los tres principales tipos de patrones de las huellas dactilares

Un lazo en el dedo de Mercurio indica a alguien con muy buena capacidad de aprendizaje. Tendrá considerables habilidades verbales y el don de decir lo correcto en el momento indicado. Un lazo en el dedo pulgar hace a la persona diplomática y discreta, incluso siendo muy terca. Por consiguiente, esta persona hará su voluntad.

Espirales

Las personas con espirales (círculos concéntricos) en sus huellas dactilares, son independientes y tienen una visión individualista de la vida. Las espirales dan originalidad en cualquier cualidad que el dedo represente. Bendecidos con ambición y persistencia, estas personas se motivan a sí mismos y a menudo tienen mucho éxito. Disfrutan analizar situaciones y no les gusta ser afanados para tomar decisiones.

Los individuos con más de una espiral en las manos son reservados y recelosos de las actividades de otros. Es muy raro encontrar a alguien con espirales en todos los dedos.

Una espiral en el dedo de Júpiter hace a la persona ambiciosa y resuelta a tener éxito. Ésta aprovechará sus ideas originales e inortodoxas y podría ser muy exitosa. Necesita encontrar su propio camino, y a veces tiene dificultad para hallar su ubicación correcta en la vida.

Una espiral en el dedo de Saturno hace a la persona analítica. Disfrutará los detalles de las cosas y no es influida por las ideas u opiniones de otros.

Una espiral en el dedo de Apolo, revela originalidad y creatividad, con un enfoque inusual. Aunque esta persona en ocasiones se propone escandalizar a los demás, en su interior tiene puntos de vista conservadores que han sido aprendidos con la experiencia. Las espirales son más encontradas en el dedo de Apolo.

Una espiral en el dedo de Mercurio crea un excelente conversador con ideas originales. Esta persona tendrá intereses claros y no deseará explorar otros temas.

Una espiral en el pulgar hace a la persona resuelta, testaruda y muy ambiciosa. Está preparada para trabajar todo lo necesario a fin de alcanzar sus objetivos.

Arcos

Las personas con arcos en sus huellas dactilares son concientes, estables, prudentes y dignas de confianza. Son prácticas y están preparadas para trabajar duro y por mucho tiempo cuando sea necesario. Son reservadas y tienen una visión seria de las cosas. También son persistentes y prefieren hacer su voluntad.

Un arco en el dedo de Júpiter indica a alguien que disfruta el poder, y persistirá el tiempo que sea necesario para alcanzarlo. Cuando es encontrado en los dedos índices, dificulta la discusión de los sentimientos más profundos.

En el dedo de Saturno revela el rechazo a hablar de sí mismo. Esta característica es marcada cuando se comentan ambiciones o filosofía personal.

En el dedo de Apolo es poco común. Inhibe el sentido natural de belleza asociado con Apolo, pero aumenta las habilidades prácticas de diseñar y hacer algo útil. Alguien con esta combinación puede, por ejemplo, convertirse en alfarero en lugar de pintor, porque la alfarería a menudo puede ser útil además de atractiva. Estas personas suelen tener intereses mecánicos o científicos.

En el dedo de Mercurio inhibe las habilidades verbales acentuadas por Mercurio. Estas personas a menudo son calladas y reservadas, en especial cuando su carrera está en juego.

En el dedo pulgar da a la persona un enfoque de la vida sensato, práctico y a menudo aburrido. Es probable que sea recelosa de los motivos de otras personas.

Arcos en forma de tiendas

Si el arco es alto, es llamado "arco en forma de tienda". Estas personas son tensas y nerviosas, además de impulsivas, entusiastas y a menudo creativas en el campo musical. Son propensas a reaccionar con exageración en tiempos de crisis.

Un arco con estas características en el dedo de Júpiter, describe una buena vida. La persona alcanzará sus objetivos y se divertirá mucho en el proceso, rodeada de una familia amorosa y muchas amistades.

En el dedo de Saturno indica idealismo. Es probable que pase mucho tiempo en su propio mundo, en lugar de tratar los problemas cotidianos.

En el dedo de Apolo induce a soñar despierto, ser sentimental, entusiasta e impulsivo, lleno de ideas y esquemas poco prácticos. Es probable que esta persona sea artística, pero necesita una cuidadosa dirección de otros para alcanzar su potencial.

En el dedo de Mercurio es raro, y representa habilidades para hablar y escribir. Es probable que sea humanitaria y use sus talentos para el beneficio de los demás.

En el dedo pulgar permite adaptarse a cualquier tipo de situación y congeniar bien con los demás. Es una persona diplomática y logra sus objetivos con amable persuasión y encanto.

Trirradios

Los trirradios (a veces conocidos como ápices) son pequeños triángulos creados por las marcas protuberantes (figura 46). A veces lucen como una estrella de tres puntas. La mayoría de personas tiene entre cuatro y seis de ellos en sus palmas. Los más fáciles de encontrar están localizados debajo de los dedos en los montes. Otros trirradios pueden ser encontrados en el monte de la Luna y en el monte de Neptuno. Aquí un trirradio es señal de que la persona tiene un fuerte potencial psíquico.

Los trirradios en los montes de los dedos deberían estar situados en la cima de cada monte. Después de todo, otro nombre para el trirradio es ápice, que significa en la parte superior. Cuando se encuentran en esta posición, aumentan

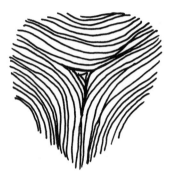

Figura 46: Trirradio

el potencial del monte en particular. Sin embargo, los trirradios aparecen con mayor frecuencia más abajo del monte o incluso al lado de él.

Beryl Hutchinson sugiere que consideremos los montes como casas de energía, y los trirradios como interruptores que prenden y dirigen la energía.[3] Por consiguiente, el trirradio es el ápice, o posición central del monte, sin importar dónde esté realmente localizado.

Ápice de Júpiter

El trirradio en el monte de Júpiter está situado centralmente en el monte, y alineado con el centro del dedo. Alguien con este rasgo será honesto, ético y digno de confianza, además de tener honor e integridad.

Es más probable que el trirradio esté situado hacia el dedo de Saturno. En esta posición, la interpretación básica del monte de Júpiter aún se aplica, pero se orienta a una aplicación más práctica.

Cuando el trirradio está cerca del pulgar en el lado de la palma, hay carencia de sentido de responsabilidad y el individuo tomará riesgos innecesarios que podrían o no traer resultados.

Si el trirradio está localizado cerca a la base del dedo de Júpiter, la persona tendrá un enfoque intelectual del mundo. Ante los demás puede parecer arrogante y tener un aire de superioridad.

Si está situado hacia el centro, pero bien lejos de la base del dedo de Júpiter, la persona utilizará su fe o filosofía para ayudar a los demás.

Ápice de Saturno

Cuando el trirradio está situado directamente debajo del dedo de Saturno, la persona será franca, directa y poseerá buen juicio.

Si está desplazado hacia el dedo de Apolo, la persona no tendrá sentido del valor del dinero. Puede ser derrochadora y hacer malas inversiones.

Es muy raro que el ápice de Saturno esté desplazado hacia el dedo de Júpiter. De hecho, no recuerdo haber visto un ejemplo de esto.

Si el trirradio está localizado cerca a la base del dedo de Saturno, el individuo necesitará mucho espacio a su alrededor. Estará interesado en aprender, y preferirá más las teorías que la aplicación práctica.

Si está localizado bien lejos de la base del dedo de Saturno, tendrá interés en los bienes raíces. Podría convertirse en inversionista en dicho campo, corredor, o mostrar inclinación por el tema.

Ápice de Apolo

Un ápice situado hacia el centro da a la persona una aguda conciencia de la belleza, junto con un significativo potencial en este campo. Esto es acentuado si el ápice está cerca a la base del dedo de Apolo.

Si el trirradio está desplazado hacia el dedo de Saturno, habrá una tendencia a dudar de sus capacidades creativas. (Esta localización casi siempre es encontrada en combinación con un dedo de Apolo que se tuerce hacia el dedo de Saturno).

Si está desplazado hacia el dedo de Mercurio, la persona tendrá la capacidad de ganar dinero con alguna forma de creatividad, quizás un trabajo que ella misma genera. Sin embargo, este individuo también podría convertirse en un exitoso comerciante del trabajo de otros.

Ápice de Mercurio

Es raro que el ápice de Mercurio esté situado centralmente debajo del dedo de Mercurio. Cuando es encontrado en esta posición, da a la persona un gran amor por las palabras, escritas y habladas.

Este ápice por lo general se encuentra desplazado hacia el dedo de Apolo. Sus habilidades verbales disminuyen entre más cerca del dedo de Apolo esté el ápice.

Patrones de lazos

Hay trece lazos diferentes, creados por las marcas protuberantes, que pueden ser encontrados en la palma de la mano
(figura 47). La mayoría de personas tiene uno o dos lazos en
las manos. Sin embargo, ya que no todos los tienen, no hay
que alarmarse si no puede encontrar ninguno en sus palmas.

El tema de los dermatoglíficos es comparativamente nuevo en la quiromancia. Lo encuentro fascinante, ya que en
este campo aún pueden hacerse investigaciones originales.

Lazo del humor

El lazo del humor (A) está situado entre los dedos de Mercurio y Apolo. Es el más común de los trece lazos. Representa un sentido del humor poco común y sin dudas "distinto".
Entre más largo sea este lazo, mayor será el sentido del
humor. La mayoría de las personas tiene este sentido, y la
ausencia del lazo no significa que alguien carece de humor.
Sin embargo, quien lo posee siempre muestra un sentido del
humor original y excéntrico.

Lazo del ego

El lazo del ego (B) también comienza entre los dedos de
Mercurio y Apolo, y por consiguiente puede en ocasiones
ser confundido con el lazo del humor. Sin embargo, siempre
se inclina hacia el monte de Apolo. A veces es llamado el
"lazo de la vanidad". Quienes lo tienen son conscientes de su
importancia y al mismo tiempo son muy sensibles. Por consiguiente, tienen egos vulnerables y se hieren con facilidad.

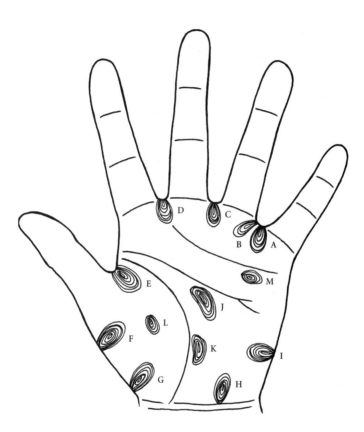

A. Lazo del humor
B. Lazo del ego
C. Lazo del sentido común
D. Lazo del rajá
E. Lazo del valor

F. Lazo de la respuesta
G. Lazo de la música
H. Lazo de la inspiración
I. Lazo ulnar
J. Lazo de la memoria

K. Lazo humanitario
L. Lazo de la música de cuerda
M. Lazo del recuerdo

Figura 47: Patrones de lazos

Lazo del sentido común

El lazo del sentido común (C) está situado entre los dedos de Apolo y Saturno. Quienes lo poseen piensan antes de actuar y rara vez hacen algo impulsivo. También tienen un fuerte sentido de la responsabilidad y disfrutan ayudar a los demás. Este lazo también se conoce como "lazo del buen propósito". Las personas que tienen este rasgo disfrutan estar ocupadas y no les gusta perder el tiempo.

Lazo del rajá

El lazo del rajá (D) es encontrado entre los dedos de Saturno y Júpiter. Quienes lo poseen tienen un carisma especial y un brillo interior que atrae a las personas. Son exitosos en sus carreras y tienden a buscar una posición de prestigio y honor. En la quiromancia india tradicional se cree que las personas con este lazo descienden de la realeza.

Lazo del valor

El lazo del valor (E) está en el monte de Marte, entre la base del pulgar y el comienzo de la línea de la vida. Quienes lo tienen son valientes por naturaleza y no muestran temor, incluso frente a grandes peligros. Están preparados para apoyar hasta el final algo en lo que creen.

Las personas con este lazo también disfrutan oír acerca de hazañas de otros, y tratan de vivir por sí mismas estos ejemplos. En efecto, el lazo del valor aumenta los aspectos positivos del monte de Marte.

Lazo de la respuesta

El lazo de la respuesta (F) está localizado en el monte de Venus, entre la base del pulgar y la muñeca. Quienes poseen esta marca tienen una extraordinaria empatía, y responden de inmediato a los sentimientos del grupo en que se encuentran. Si todos se sienten tristes, también estarán tristes; si todos se están divirtiendo, también experimentarán esa alegría.

Esta respuesta a la influencia externa es automática e inmediata. Si alguien con este lazo fuera encarcelado, por ejemplo, sufriría de depresión e incluso podría intentar suicidarse.

Las personas que tienen esta marca deberían cultivar amigos con actitudes positivas, evitando todo lo posible lo contrario.

El lazo de la respuesta también da a la persona una fuerte inclinación por la música de banda.

Lazo de la música

El lazo de la música (G) comienza en la muñeca y yace en la base del monte de Venus. Quienes lo poseen aman la música. Da un claro talento en dicha área, y tienen gran potencial como músicos, compositores o cantantes. Incluso si este talento no está desarrollado, el amor por la música será evidente y de gran importancia en la vida del individuo.

Lazo de la inspiración

El lazo de la inspiración (H) es encontrado en la base de la mano sobre el monte de Neptuno, entre los montes de Venus y de la Luna. Quienes lo tienen son inspirados por cualquier cosa que los impacte a gran escala. Esto puede ser una gran pieza musical, un libro conmovedor o un acto humanitario o bondadoso. También suelen tener una fe fuerte. No se trata de una típica fe ortodoxa, sino de una fe o filosofía sólida que han desarrollado. Son muy intuitivos y poseen una gran imaginación creativa.

El lazo de la inspiración es muy raro, y quienes lo portan tienen el potencial de hacer del mundo un lugar mejor. La presencia de este lazo puede convertir un músico promedio en un gran compositor. A menudo es considerado una señal de grandeza.

Lazo ulnar

El lazo ulnar (I) es encontrado ascendiendo desde el lado de la palma en el monte de la Luna. Sólo si está al menos a medio camino de este monte hacia la muñeca, la persona puede usarlo para tener acceso a su mente subconsciente creativa. Estos individuos están más motivados por la mente subconsciente que por la consciente. A menudo tienen una forma muy rara de ver las cosas, lo cual los hace parecer un poco "diferentes".

Este lazo es encontrado en las palmas de al menos el noventa por ciento de las personas que tienen el síndrome de Down. Sólo aparece en el ocho por ciento de las manos normales.

El lazo ulnar es también llamado "lazo de la naturaleza". Estas personas tienen una respuesta intuitiva a los movimientos de la naturaleza. Jardineros dotados o practicantes de la radiestesia quizás poseen esta marca en sus manos. Es interesante observar que muchas personas con síndrome de Down tienen un gran amor por la naturaleza.

Lazo de la memoria

El lazo de la memoria (J) es encontrado en el centro de la palma. Avanza diagonalmente a través de ella, con un extremo hacia el monte de Júpiter y el otro apuntando hacia el monte de la Luna. Con frecuencia es paralelo a la línea de la cabeza.

Estos individuos se caracterizan por tener una muy buena memoria. Entre más largo es el lazo, más detallada es la memoria. Conozco a alguien que puede decir el día y la fecha de cualquier cosa que le ha sucedido durante su vida. Tiene un lazo de la memoria pronunciado en ambas palmas.

Las personas con esta marca son buenas para mantenerse en contacto con gente de su pasado, y pueden hacer buen uso de estas personas cuando sea necesario.

Lazo humanitario

El lazo humanitario (K) es poco común. Se encuentra cerca al centro de la palma, paralelo a la línea del destino y apuntando hacia la muñeca.

Estas personas son idealistas y sueñan con un mundo perfecto. Debido a que tratan de mejorar el mundo en que viven, experimentan un gran número de contratiempos y decepciones. Cuando es encontrado en una mano predominante, el lazo puede ser una ventaja, y el individuo usará sus considerables habilidades para intentar hacer cambios que beneficien a todos. Sin embargo, en la mano contraria, es probable que la persona se torne cínica y amargada, y encuentre difícil vivir en un mundo que no es perfecto.

Lazo de la música de cuerda

El lazo de la música de cuerda (L) es un pequeño lazo ovalado en el centro del monte de Venus. Al igual que el lazo de la música, da a la persona un fuerte interés en dicho campo, pero en este caso el individuo tendrá una gran inclinación por la música de instrumentos de cuerda. Es un lazo muy poco común.

Lazo del recuerdo

El lazo del recuerdo (M) es un pequeño lazo en el cuadrángulo, y está localizado entre los dedos de Mercurio y Apolo. Quienes poseen esta marca tienen una memoria asombrosamente retentiva y la capacidad de recordar información cada vez que sea necesaria. El talento aumenta si la línea de la cabeza avanza sobre este lazo.

Científicos y quirománticos están realizando intensas investigaciones dermatoglíficas. Es un área nueva y la oportunidad aún está latente para descubrir nuevas características. Use una lupa para encontrar y clasificar las diversas marcas protuberantes. No olvide tomar las impresiones palmares de personas que tengan marcas interesantes. Haciendo esto, tendrá una valiosa colección de cada posible lazo o ápice.

El conocimiento de las marcas protuberantes en la piel puede mejorar la calidad de sus lecturas, pero asegúrese de entender las bases de la quiromancia antes de pasar un largo tiempo explorando tales patrones.

Recuerde que las interpretaciones de las diferentes marcas deben ser consideradas en el contexto de las palmas de la persona. Por ejemplo, sería raro encontrar a alguien que tenga el lazo del valor y un pulgar débil. Sin embargo, es posible, y ambos factores deberían ser considerados antes de dar una evaluación.

10

Salud, riqueza,
amor y felicidad

Todos queremos ser ricos, tener buena salud, estar enamo-
rados y ser felices. Por consiguiente, como quiromántico,
le harán este tipo de preguntas con más frecuencia. En el
siguiente capítulo haremos una lectura palmar completa, y
usted verá cómo se incorporan todos estos aspectos.

Muchas personas tienen preguntas específicas sobre estos
temas, y necesitará explorarlos más a fondo. Es enorme el
rango de inquietudes que pueden ser surgir al respecto, pero
en general se reducen a cuatro: ¿tendré una larga vida?, ¿esta-
ré seguro económicamente?, ¿tendré una relación amorosa
duradera?, y ¿seré feliz?

Es posible responder estas preguntas con un examen
detallado de las manos de la persona.

Salud

La salud es nuestro mayor tesoro. En su gran mayoría las
personas se preocupan por conservarla. Les inquieta la
posibilidad de morir jóvenes, quedar incapacitadas por una

enfermedad o accidente, o estar postradas en cama durante la vejez.

Cada vez que me hacen una pregunta sobre salud, primero determino si la persona se refiere a salud física o emocional. Las dos están muy relacionadas, ya que el estado de la salud emocional determina el bienestar físico. La persona puede estar bajo intensa presión y sufrimiento por estrés y agotamiento. Todos podemos resistir la presión un tiempo, pero si es continua, al final afectará la salud física.

El estado de la salud emocional es revelado en cada parte de la mano, no sólo en el número de líneas de estrés o agotamiento. Es necesario ver si la línea del corazón es en términos generales constante. Además, hay que observar el monte de Venus y las líneas de satisfacción sexual. Luego examinar las líneas de la cabeza y del destino. Si todos estos factores parecen estar bien, la persona estará gozando de buena salud emocional.

Cualquier problema en estas áreas debe ser tratado y corregido antes de que afecte la salud física del individuo.

Para analizar la salud física, primero miro la mano en conjunto. Las personas con manos anchas poseen más energía que quienes las tienen angostas, y tienden a gozar de mejor salud, ya que tienen la energía necesaria para superar problemas de salud menores.

El número de líneas en las manos es otra pista. Entre menos líneas, mejor, desde el punto de vista de la salud. Esto se debe a que la mayoría de líneas son causadas por estrés y tensión nerviosa, dos factores que pueden originar una mala salud.

Luego, observo la línea de la vida. Ésta debería ser clara, estar bien marcada y llegar al otro lado de la palma. Un monte de Venus grande da vitalidad y energía, lo cual tiene un enorme efecto en la salud de la persona.

Después determino el número de líneas de preocupación. Esto tiene relación con la forma en que piensa la persona. Estas líneas sólo podrían causar problemas de salud si cruzan la línea de la vida.

También observo la hepática (línea de la salud). Esta línea no debería aparecer, ya que esto denota excelente salud. Sin embargo, si alguien hace preguntas sobre su salud, es muy probable que esta línea esté presente en la palma. La línea debería ser clara y estar libre de islas o discontinuidades.

En la actualidad hay muchas investigaciones dirigidas a determinar la predisposición de las personas a ciertas enfermedades por medio del estudio de sus palmas. De hecho, los científicos están confirmando muchas cosas que los quirománticos han sabido durante cientos o miles de años.[1]

Nunca olvide que usted es un quiromántico, no un doctor. No debe dar consejos médicos. Estimule y apoye a las personas cuando le pregunten acerca de la salud, y siempre sugiera que consulten un profesional de la medicina.

Riqueza

Los problemas de dinero hacen parte del diario vivir. El Sr. Micawber, personaje de Charles Dickens, expresó el tema muy bien: "ingreso anual 20 libras, gastos 19.6, resultado: felicidad. Ingreso anual 20 libras, gastos 20.6 libras, resultado: tristeza".[2] Ya que nadie tiene lo suficiente, le harán muchas preguntas sobre este tema.

El dinero está indicado de tres formas en la palma (figura 48). El dinero heredado es mostrado por una pequeña línea entre los dedos anular y meñique, que se encorva en una parte alrededor del anular. Esta línea no es muy útil. No da indicación sobre cuándo será heredado el dinero o cuál es la cantidad. Esto sugiere que la persona tiene o tendrá dinero heredado.

El dinero fácil es mostrado por un triángulo en la parte interna de la línea de la vida. Uno de los lados es formado por la línea y los otros dos son líneas secundarias. Este triángulo siempre indica una gran cantidad de dinero.

Sin embargo, el término "gran" depende de lo que la persona considere una gran cantidad. Por ejemplo, un premio mayor de la lotería sería mostrado como un triángulo en la línea de la vida. Un premio de mil dólares ganado en una carrera de caballos, probablemente no aparecería porque no se considera una gran cantidad de dinero. Sin embargo, si usted viviera en las calles y de repente ganara mil dólares, esto bien podría ser indicado en la palma, ya que lo consideraría una fortuna.

La mayoría de personas tiene que trabajar para ganar su propio dinero. El potencial está indicado por un pequeño triángulo en el centro de la mano. Dos de sus lados son creados por las líneas del destino y de la cabeza, y una línea secundaria en el lado del meñique conforma el tercer lado. Este triángulo es muy pequeño y muestra el potencial de la persona. Esto no significa que ganará esa cantidad de dinero a lo largo de una vida.

Primero debemos ver si la persona está motivada a obtener dinero. Determinamos esto observando las dos falanges

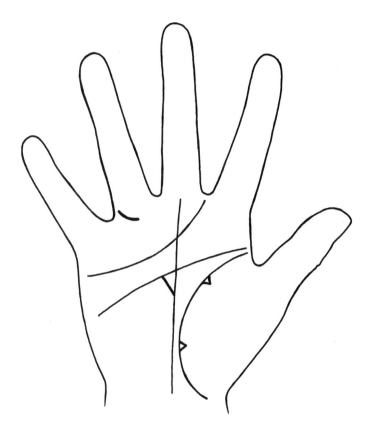

Figura 48: Indicaciones de dinero en la palma

superiores del pulgar, para ver si la fuerza de voluntad y la lógica son casi iguales. Si la falange media (lógica) es mucho más larga que la sección ungular, es probable que la persona no vaya a hacer mucho dinero, ya que pensará, pensará y pensará una vez más. Posiblemente obtendrá muy poco.

Debemos observar la línea de la cabeza para determinar si la persona tiene el poder mental necesario para ganar mucho dinero. Una línea de la cabeza corta no significa carencia de capacidad intelectual. Denota a un pensador rápido y a menudo muy astuto. Alguien así bien podría hacer mucho dinero, comparado con una persona con una línea de la cabeza larga, quien disfruta aprender por su propio bien.

También necesitamos ver si el triángulo del dinero está abierto o cerrado. Si está cerrado, la persona tiene la capacidad de conservar parte del dinero después de ganarlo. Si está abierto, la mayor parte del dinero desaparecerá.

Una línea tenue que biseca la línea secundaria (tercer lado del triángulo del dinero), indica dificultades económicas en diferentes épocas. Esto no es negativo, porque puede ser un estímulo para progresar. Este individuo a menudo da dos pasos adelante y luego desliza uno hacia atrás. Al final, puede ser alguien muy exitoso, aunque será un trabajador diligente pero lento, en lugar de uno "prodigio".

A veces verá una doble señal de dinero. En este caso, hay dos líneas secundarias que se unen a las líneas de la cabeza y del destino, creando un pequeño triángulo dentro de uno más grande. Esta es una indicación de que la persona hará dinero, y luego tendrá inversiones que producirán más dinero. Es una señal de ingresos ganados y no ganados.

Siempre afirmo a mis consultantes que la cantidad de dinero indicado es potencial, y depende de ellos conseguirlo.

Amor

Casi todo el mundo quiere amar y ser amado. Puede ser emocionante estar soltero y tener muchas relaciones, pero tarde o temprano la mayoría desea establecer una relación fuerte, amorosa, continua y de apoyo mutuo. Muchos creen que el amor es sólo para los jóvenes. Este es un concepto erróneo. A lo largo de mi carrera como quiromántico he conocido personas de todas las edades que preguntan si habrá "alguien especial" en sus vidas.

Para preguntas sobre amor, primero observo la forma de la mano. Luego examino la línea del corazón, el monte de Venus y las líneas de relaciones. Luego me aseguro de que los pulgares sean compatibles.

Una relación es mucho más fácil si las dos personas tienen manos de forma similar. Tendrán más o menos la misma mentalidad y tenderán a estar de acuerdo en la mayoría de asuntos. Imagine los conflictos que surgirían entre una persona con dedos cortos y gruesos, y otra con dedos largos y elegantes.

También puede examinar la relación entre los cuatro tipos de manos (fuego, tierra, aire y agua) y las interpretaciones del significado de cada elemento. Por ejemplo, fuego y agua usualmente no es una buena combinación, ya que el agua apaga el fuego. Sin embargo, este es sólo un factor a considerar. Yo soy sagitariano (fuego) y he estado casado con mi esposa, Piscis, durante casi treinta años. No obstante, ambos tenemos manos de aire y líneas del corazón físicas que terminan entre los dedos de Júpiter y Saturno. Nuestros montes de Venus también son similares en altura y grado de firmeza.

La línea del corazón determina la vida emocional de la persona, y usted puede leer sus altibajos a lo largo de la vida. Una línea del corazón larga, clara y bien marcada indica una relación duradera, exitosa y feliz. Las dos personas tendrán líneas del corazón que terminan en el mismo lugar.

Habrá muchas dificultades si la línea del corazón de una persona finaliza bajo el dedo de Júpiter (idealista) y la de su pareja termina bajo el dedo de Saturno (egoísta). También es más fácil si los dos tienen el mismo tipo de línea del corazón. Si ambos tienen una línea del corazón física, por ejemplo, podrán entenderse mejor que otra pareja con una línea del corazón física y la otra mental.

El monte de Venus muestra qué tan amorosa y apasionada es la persona. Si este monte es deficiente, por ser plano o muy pequeño, la persona no tendrá necesidad o deseo de una relación vibrante. Sin embargo, podría querer una relación para tener compañía.

Las líneas de relaciones sólo aparecen si la persona tiene compromisos importantes. He visto hombres casados que no tienen tales líneas en sus manos, pero esto es raro. La presencia de una línea de relación que avanza por el lado de la palma hasta la superficie palmar, indica una relación importante que dura un tiempo considerable.

El pulgar también debe ser examinado para determinar la compatibilidad. Imagine los posibles conflictos entre dos personas que tienen pulgares muy testarudos. Además, alguien con un pulgar fuerte y terco dominará a alguien con un pulgar pequeño, flexible y bondadoso. Esta combinación podría funcionar bien por un tiempo, pero al final la persona que está siendo dominada tal vez decida que ha sido suficiente y se aleje de la relación. También es difícil la combinación donde las dos personas tienen pulgares flexibles y bondadosos. Cada una deseará complacer a la otra, y sería probable que tuvieran problemas en el momento de tomar decisiones.

Lo ideal sería que los pulgares sean algo similares. Las mejores combinaciones se dan cuando las personas tienen pulgares fuertes pero no demasiado testarudos. Esto significa que ninguna tiende a dominar a la otra, y cada una defenderá lo que en realidad le importa, además de ser más flexible en otras ocasiones.

Estos factores indican el potencial de una relación. Luego examino la línea del corazón para determinar cómo será el futuro de la persona desde un punto de vista emocional. También busco una línea fina que avance paralela a la línea del corazón al final, para ver si la persona estará o no sola en su vejez.

De vez en cuando, veo las manos de parejas que desean saber qué tan compatibles son. Me gusta hacer esto si lo son claramente, pero se me hace más difícil cuando hay diferencias importantes en sus manos. En estos casos, enfatizo las áreas de la probabilidad de discordia, y cómo puede manejarlas mejor la pareja. Los dos factores más relevantes para la compatibilidad son las posiciones finales de las líneas del corazón y la altura y firmeza del monte de Venus.

Es mejor para la relación si las dos personas tienen el mismo tipo de línea del corazón (física y mental). Esto se debe a que alguien con una línea del corazón mental necesitará escuchar constantemente de su pareja que es amado(a). Una persona con una línea del corazón física no tendrá esa necesidad, y será propensa a subestimar la importancia de expresar palabras cariñosas a su pareja.

Vale la pena examinar también los dedos de Mercurio al hacer un análisis de compatibilidad. Un meñique largo (que supere la línea que divide las dos falanges superiores del dedo anular) da a la persona buenas habilidades de comunicación. También se relaciona con el deseo sexual —entre más largo es este dedo, mejor—. Pueden surgir problemas si una persona tiene un meñique largo y está en una relación con alguien que tiene un dedo de Mercurio corto. Lo ideal es la combinación de meñiques de longitud similar.

Felicidad

La felicidad puede ser muy esquiva. La mayoría de personas que me consultan tienen un problema que requiere ayuda. Por consiguiente, es improbable que sean felices. Sin embargo, con seguridad ya han tenido períodos de mucha felicidad en el pasado, y tendrán más en el futuro.

El consejo más sabio y profundo que me han dado acerca de la felicidad dice: "si quiere ser feliz, sea feliz". Es tan simple, y tan difícil, como eso.

Algunas personas están felices la mayor parte del tiempo, sin importar lo que les suceda, y otras parecen disfrutar sumergirse en la tristeza. Es posible determinar estas personas observando las manos.

Para la felicidad, miro primero la anchura de la mano y la calidad de la línea de la vida. Ambos rasgos están relacionados con los niveles de energía de la persona. Si la mano es ancha y tiene una línea de la vida bien marcada que llega bien hasta el centro de la mano, sé que la persona tiene la capacidad para una gran felicidad.

Luego examino la línea de la cabeza para ver si la persona está usando la inteligencia que le fue dada al nacer. Quienes tienen mentes inquisitivas también poseen el potencial para una gran felicidad, porque siempre están aprendiendo, y la vida es un proceso de descubrimiento.

También examino el pulgar para determinar la fuerza de voluntad y la lógica. Como ya sabe, en la quiromancia siempre buscamos el equilibrio y necesitamos que las dos falanges superiores del pulgar tengan casi la misma longitud. Sin embargo, las personas más felices tienen una falange media (lógica) que es un poco más larga que la ungular (fuerza de voluntad). Quienes tienen abundancia de lógica disfrutan pensar en diferentes asuntos. No se ven impulsados a hacer las cosas como alguien que tienen más fuerza de voluntad que lógica. Como resultado, y en forma general, son felices.

Las personas que permanecen tensas y nerviosas tienen menos probabilidad de ser felices que las calmadas y apacibles. Por lo tanto, aquellos con pocas líneas en las manos generalmente son más felices que las personas con toda una red de vagas líneas de tensión.

Finalmente, busco pequeñas marcas tales como cuadrados, triángulos y rejas. Éstas tienen el potencial de alterar lo que de otra manera parecería ser una mano feliz. Mi deseo es que la persona tenga más indicaciones positivas que negativas. Durante el transcurso de la lectura siempre espero cubrir los significados de las diferentes marcas y, si es necesario, sugiero cuáles deberían ser tenidas más en cuenta para lograr mayor felicidad en la vida del consultante.

Las personas no me preguntan muy a menudo acerca de la felicidad. Ellos se interesan más en la dirección de sus vidas sentimentales, carreras y situación económica. Una vez que el área de inquietud ha sido rectificada, es probable que el individuo quede satisfecho. Sin embargo, la alegría no es un sentimiento tan fuerte como la felicidad.

Algunas manos son felices por naturaleza, mientras otras no lo son. La mayoría de personas tiene manos que están en un punto intermedio. Alguien con mucha vitalidad, una mente inquisitiva y pocas marcas negativas, es probable que sea positivo y feliz. A la inversa, alguien tenso, con poca energía y una variedad de marcas negativas, es igualmente probable que sea infeliz.

Todos tenemos el poder de cambiar. Este cambio debe venir del interior, y requiere mucho tiempo y esfuerzo. Sin embargo, las recompensas pueden ser maravillosas.

Uno de los aspectos más satisfactorios al leer las palmas de las manos, es ver cómo las sugerencias positivas han sido aceptadas y aplicadas por los consultantes, y luego se hacen visibles en sus manos.

Éxito

El grado de éxito puede ser medido en la mano. Sin embargo, el tipo de éxito no. Éxito significa diferentes cosas para diferentes personas. Muchas lo relacionan con el dinero, mientras otras lo relacionan con una vida feliz. Considero que alguien es exitoso si está haciendo lo que quiere, y como resultado progresa. Por consiguiente, según mi definición, un artista en condiciones económicas difíciles puede ser más exitoso que una estrella de cine rica y famosa. Si el artista está haciendo lo que le gusta, además de aprender y crecer en el proceso, definitivamente tiene éxito. La estrella de cine puede tener mucho dinero y parecer muy exitosa. Sin embargo, podría ser disfuncional e infeliz. No consideraría que esa persona experimente el éxito.

Conozco una mujer que abandonó una prometedora carrera en medicina para cuidar a sus tres hijos. Algunas personas pueden creer que renunció a la oportunidad de tener éxito a causa de sus hijos. Ella piensa todo lo contrario. Ha hecho un maravilloso trabajo manteniendo la familia unida y logró educar a tres jóvenes felices que ahora triunfan en sus propias carreras. Considero que ella es una persona muy exitosa.

Otro ejemplo es un conocido recolector de basuras de la ciudad en que vivo. Ha barrido las calles en el mismo sector durante treinta años, y hace poco publicó un libro acerca de las personas que ha conocido en su trabajo. Ser un basurero no es una elección de profesión obvia para alguien que considero exitoso. Sin embargo, él es una persona asombrosa que siente orgullo por su labor y se ha convertido en una celebridad local. También tiene una vida familiar feliz.

Cualquier discusión sobre el éxito es complicada por la complejidad del concepto. No considero que las personas sean exitosas a menos que estén bien equilibradas en sus vidas. Todo esto, por supuesto, es fácil de ver en la mano.

La presencia de una línea del destino es esencial para el éxito. Alguien que no la tenga puede ser afortunado algunas veces, pero no estará trabajando por un objetivo específico.

Una línea del Sol también es una señal importante para el éxito. Ayuda a dar la motivación y el deseo necesarios para triunfar.

Las personas exitosas también tienen montes bien desarrollados, y al menos uno de ellos dará una pista en cuanto a dónde logrará el éxito la persona.

Ya hemos cubierto los elementos esenciales de la quiromancia. En el siguiente capítulo uniremos todo y haremos una lectura palmar.

11

Uniendo todo

Llevar a cabo y recibir una lectura palmar es una gran experiencia. Cuando usted lee las palmas de alguien, está sentado cerca a ella, tomándole las manos y hablándole acerca de su carácter, además de su pasado, presente y futuro. La mayoría de personas se tornan nerviosas bajo estas circunstancias. No saben qué secretos podría ver el quiromántico en sus palmas, y pueden preocuparse del presagio de una muerte dolorosa o algún otro desastre.

Por tal razón, es importante transmitir un sentimiento de confianza y tranquilidad al empezar la lectura. A menudo hablo unos minutos acerca de la quiromancia antes de iniciar de lleno el procedimiento. Enfatizo el hecho de que sus manos pueden cambiar, y lo harán, y que el futuro depende de cada individuo. Cada persona tiene el poder para crear el futuro deseado.

Creo que usted tiene el deber de recalcar lo positivo y hacer que los consultantes se sientan mejor consigo mismos y con sus vidas. Sin embargo, es esencial la franqueza. De otra manera, no tiene sentido leer las palmas de la persona.

Debo admitir que en ocasiones determino con quien puedo ser sincero. Por ejemplo, ¿qué diría si estoy leyendo las palmas de alguien que se acaba de casar y está muy feliz, pero puedo ver que el matrimonio no va a durar? ¿Le ayudaría a esta persona de alguna forma decirle eso? En el transcurso de una lectura rápida, ignoraría este tópico, y me enfocaría en otras partes de la mano. Sigo siendo sincero con lo que le digo, pero me reservo cierta información.

En la práctica, una persona en estas circunstancias sólo me consultaría en una situación informal o divertida, ya que la mayoría acude a los quirománticos por una lectura completa sólo cuando algo negativo sucede en sus vidas. Si la persona me consulta debido a problemas en su matrimonio, le doy consejos y hago sugerencias con base en lo que observo en sus manos.

Tendrá que decidir cómo enfrentar situaciones similares. Creo que las lecturas rápidas son informales, y deberían ser positivas y motivadoras. Podría mencionar uno o dos rasgos de carácter negativos, pero la mayor parte será positiva. En esta clase de lecturas, es importante buscar buenas cualidades en la mano. Si se enfoca en la salud, riqueza, prosperidad y los propios intereses de la persona, hará más felices a los consultantes y su propia popularidad aumentará.

Las lecturas completas se enfocan en forma diferente. En ellas debe discutir todo libre y abiertamente con el consultante. Muchas veces la sesión se convierte en una conversación donde el consultante se abre y habla acerca de sus inquietudes, y el quiromántico da consejos basado en lo que ve en sus manos. En muchos aspectos, un buen quiromántico es un consejero que puede brindar un oído comprensivo y sugerencias apropiadas.

Debe ser amable con las personas que trata. Durante años hice lecturas palmares como parte del entretenimiento en reuniones de empresas. Muchas de las personas que me consultaban, decían no creer en la quiromancia y dejaban leer sus palmas sólo por diversión. Sin embargo, observaba que incluso muchos escuchaban con atención, y a veces regresaban en el transcurso de la reunión para hacer más preguntas. En ocasiones volvía a verlas años después y encontraba que habían recordado lo que les dije palabra por palabra.

Usted descubrirá lo mismo al inicio de sus lecturas. Por consiguiente, ya que las personas recordarán y pensarán en lo que les dijo, la regla más importante es ser amable.

Es mejor empezar haciendo lecturas breves, y entre más cortas, mejor. Puede examinar un gran número de manos con el sólo hecho de comentar su interés en el tema. La gente no esperará recibir una lectura en detalle, y se entusiasmarán con los comentarios que usted pueda hacer.

A medida que aumenta su conocimiento y experiencia, también lo hará la calidad y duración de sus lecturas. Luego podrá usar sus nuevas habilidades quirománticas para ayudar y aconsejar a otras personas.

Es recomendable tener una forma establecida de lectura. Yo empiezo examinando la forma y textura de la mano, clasificándola en una categoría (aire, tierra, fuego o agua). Luego tomo nota de cualquier carácter fuera de lo común, como un dedo de Mercurio muy corto. Después de esta rápida ojeada, observo las líneas principales en la siguiente secuencia: corazón, cabeza, vida y destino. Después miro el pulgar y los otros dedos, seguidos por los montes. Luego observo las líneas secundarias y las marcas. Con una rápida lectura veo sólo la mano mayor y el proceso toma cerca de cinco minutos. Con una lectura más larga, puedo estar más tiempo en cada etapa y examinar ambas manos. Mis lecturas completas toman alrededor de una hora.

Ejemplo de una lectura

El siguiente es un ejemplo de una breve lectura palmar realizada a un hombre de unos cuarenta años de edad (figura 49). He incluido entre paréntesis las razones quirománticas para los comentarios que hago. Mi primera observación indica que es un buen ejemplo de una mano de aire. Las manos son firmes, bien cuidadas y de color rosado claro.

Usted es una persona capaz, práctica y con los pies sobre la tierra (forma de la mano). *Puede ser puesto en cualquier situación y siempre saldrá airoso* (longitud del dedo de Júpiter).

Su línea del corazón está bien marcada y tiene una combinación da ambos tipos, la mental y la física. Esto es mostrado por la bifurcación al final de la línea. Muestra que puede ver los dos lados de cualquier situación. No es tan romántico como solía ser. Puede enamorarse muy fácilmente, pero su cabeza siempre tiene algo que decir. Su vida sentimental no siempre ha sido armoniosa (muescas en la línea del corazón), *pero siempre se supera después de cualquier contratiempo. Es una persona positiva y nada puede oprimirlo por mucho tiempo. Parece que está en una relación estable que continuamente se desarrolla. Se comunican bien juntos, y este es uno de los aspectos más fuertes de su relación* (línea del

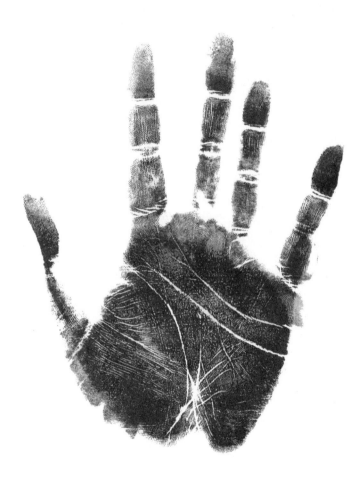

Figura 49: Impresión uno

corazón, junto con una visión a la falange ungular
del dedo de Mercurio).

*Su línea de la cabeza es muy notable, ya que atraviesa
toda la mano. Esto le da una buena inteligencia y lo hace
un pensador detallado* (línea de la cabeza larga, junto
con dedos largos). *Cualquier cosa que quiera aprender,
la aprenderá minuciosa y rápidamente. En cierto sentido, está aprendiendo en todo el camino a través de la
vida. Sus intereses varían con el tiempo. Cuando se torna
muy serio por algo, lo lleva tan lejos como quiere, pero
luego pierde interés y dirige su atención hacia algo diferente. Con frecuencia, trata de hacer varias tareas, todas
al mismo tiempo. Hay una tendencia a ser impulsivo. A
menudo actúa siguiendo sus instintos, y luego piensa en
lo realizado* (espacio entre las líneas de la cabeza y de la
vida). *Es conciente y responsable, y prefiere hacer bien las
cosas. Tiene la capacidad de comprender lo esencial de
una situación fácil y con rapidez. Podría frustrarse con
personas que se toman todo el día para decidir algo que
usted entendió en segundos* (línea de la cabeza larga,
espacio entre las líneas de la cabeza y de la vida, espacio entre los dedos de Apolo y Mercurio).

*Su línea de la vida es clara y bien marcada. Atravie-
sa bien su palma, dándole mucha fortaleza y energía. Si
estuviera haciendo algo que disfruta, podría continuar
casi indefinidamente.*

*Toma la vida en gran parte como llega. Sin embargo,
se preocupa cuando hay una causa para ello, como lo
muestran estas líneas de preocupación. Las más serias
están bien atrás de usted* (líneas de preocupación que

cruzan la línea de la vida desde los mediados hasta los finales de sus veinte años). *Tiene pocas preocupaciones comparado con la mayoría de personas, y nunca se preocupa por un período largo de tiempo.*

Su línea del destino es interesante. Comienza como una línea bien marcada que está unida a la línea de la vida. Esto significa que, a pesar de su necesidad de independencia (espacio entre las líneas de la cabeza y de la vida), *alguien tuvo una fuerte influencia sobre usted cuando era muy joven. Probablemente fue uno de sus padres o los dos.*

El hecho de que su línea del destino se iniciara tan bien marcada, muestra que entró a una carrera y la siguió cuando tenía unos 27 ó 28 años de edad. En ese tiempo la línea del destino cambia. Se hace menos visible y cambia de dirección ligeramente. Esto significa que la dirección de su vida también cambió. Debe haber tenido una reevaluación importante en esa época. Su carrera quizás también cambió, y durante muchos años no estuvo cien por ciento seguro de para dónde iba o lo que deseaba hacer. Cerca de los 34 años de edad encontró un nuevo sentido de dirección y aún está siguiendo este camino.

Tiene un pulgar fuerte. Tiende a ser testarudo cuando la situación lo requiere. Es fácil congeniar con usted pero desde luego puede defenderse cuando es necesario (pulgar rígido y fuertes montes de Marte).

Tiene más lógica que fuerza de voluntad (falange media del pulgar más larga que la ungular). *Significa que genera grandes ideas, pero no siempre se siente impulsado a llevarlas a cabo. Tiene suficiente deseo y ambición para aprovechar sus mejores ideas* (manos anchas, línea del destino bien marcada, buena línea de la cabeza y dedo de Júpiter largo).

Sabe cómo hacer su voluntad (dedo de Júpiter largo), *pero es discreto y diplomático al mismo tiempo* (falange media del pulgar "acinturada"). *Esto es todo un arte, y aumenta enormemente sus habilidades con la gente, las cuales son excelentes (dedos separados, buena falange ungular en el dedo de Mercurio, y un cuadrángulo razonable).*

Tiene una naturaleza apasionada (monte de Venus alto y firme). *Esto se relaciona con su vida sentimental, pero también da pasión a todo lo que hace. Usted puede emocionarse y ser apasionado por sus sueños, objetivos e intereses.*

Tiene un dedo meñique fuerte (cuando hago lecturas no uso términos quirománticos para los dedos, ya que esto confunde a las personas). *Está situado en un nivel más bajo, comparado con los otros dedos* (meñique caído). *Esto significa que todo sale bien por un tiempo, pero luego usted tiene una fuerte caída y debe levantarse de nuevo. A menudo significa aprender de la forma difícil. Todo toma más tiempo del que preferiría* (el espacio entre las líneas de la cabeza y de la vida indica que él quiere todo ahora) *y es más difícil de lo que espera* (meñique caído).

Es un pensador independiente y prefiere decidir las cosas solo, en lugar de confiar en otras personas (espacio amplio entre los dedos de Apolo y Mercurio).

Tiene una buena sección ungular en este dedo. Esto muestra que posee grandes habilidades de comunicación, y le iría bien en cualquier carrera que use su voz. También *puede expresarse bien con palabras escritas* (falange media larga). *Este es un talento que podría desarrollar con facilidad.*

El siguiente dedo (de Apolo) *se relaciona con creatividad y cosas bellas. Tiene un buen gusto natural* (falange media del dedo de Apolo larga). *Esto significa que sería bueno para vender artículos que encuentra atractivos* (falange media del dedo de Apolo y falange ungular del dedo de Mercurio). *Es honesto* (dedo de Mercurio derecho) *y encontraría difícil vender algo que no le guste.*

El siguiente dedo (de Saturno) *se relaciona con limitaciones y restricciones. También da equilibrio a la vida. Es ideal que este dedo sea el más largo de la mano y lo más derecho posible. Su dedo califica en los dos rasgos. Significa que tiene un sentido de perspectiva acerca de lo que sucede en su vida, y además posee una buena autoestima.*

Su dedo índice (de Júpiter) *es más largo que el dedo anular* (de Apolo). *Esto le da estímulo y energía. En ocasiones, puede sentir que hay algo dentro de usted forzándolo a tener más logros e incluso más importantes. Este estímulo es bueno, pero debe recordar hacer una pausa y relajarse de vez en cuando. Un dedo índice largo es una bendición mezclada. Le da entusiasmo, energía, un ego sano, ambición y estímulo, que son cualidades maravillosas. Sin embargo, algunas personas que lo tienen se precipitan a una tumba prematura porque no saben cuándo* detenerse. *Usted tiene la fortuna de que ha aprendido a mermar el ritmo y descansar de vez en cuando* (no hay líneas de estrés, agotamiento y energía nerviosa).

La sección inferior de este dedo muestra que desarrollará un interés por la filosofía o la religión. Puede tratarse o no de un tipo de religión eclesiástica. Podría ser una filosofía de vida que usted mismo desarrolló. Sin importar lo que sea, jugará un papel cada vez más importante en su vida futura.

Tiene una segura señal de dinero (triángulo creado por la línea del destino, la línea de la cabeza y una línea secundaria). *Esto le da el potencial de hacer las cosas muy bien financieramente* (el triángulo es grande). *Sin embargo, está cruzado* (línea que bisecta el triángulo). *Eso significa que en ocasiones el dinero llegará con facilidad, pero otras veces puede sentir que no está consiguiendo nada. Es persistente y al final le irá muy bien. También heredará dinero* (línea curva debajo del dedo de Apolo). *Esta línea no es muy útil, ya que no dice cuándo heredará ese dinero o cuál es la cantidad que recibirá. Sin embargo, en alguna etapa de su vida eso pasará. No hay señal de dinero fácil, así que deberá ganárselo. La mayor parte de sus ingresos saldrá del trabajo duro y el buen manejo de las finanzas.*

Tiene una fuerte línea de intuición que toca la línea del destino. Es una persona muy lógica (línea de la cabeza larga y derecha, y dedos largos), *pero debería actuar basado en sus sentimientos y presentimientos. Puede o no llamar a esto intuición, pero encontrará que tales sentimientos siempre lo guían en la dirección correcta.*

Tiene varias líneas de inquietud en su mano. Éstas solían ser llamadas líneas de viajes, e indican que está interesado en cosas nuevas y diferentes, incluyendo viajes. A juzgar por la intensidad de las líneas, diría que ha viajado mucho y también lo hará en el futuro.

Tiene una importante línea de apego romántico (no visible en la impresión palmar). *Muestra que, aunque puede haber varias relaciones, sólo una es de gran importancia en términos de su vida. Tiene una relación en la actualidad* (la línea de relación sobre el lado de la palma, y la calidad de la línea del corazón).

Su salud parece ser excelente (mano ancha, línea de la vida fuerte). *Parece que pone atención al bienestar físico y se cuida. Esta es su línea de la salud. Básicamente está bien marcada. Hubo una época al final de sus veintes en que la línea se hizo difusa. De todos modos, ese parece haber sido un período importante en su vida, a juzgar por las otras líneas. Quizás no desearía repetir esos años. Sin embargo, el futuro se ve bueno desde el punto de vista de la salud, y su línea de la vida permanece clara y bien marcada hasta bien entrada su vejez.*

Es leal a su familia y amigos. Es sociable y estaría más feliz en una carrera donde se involucre con los demás, preferiblemente ayudándolos de algún modo (línea humanitaria avanzando paralela a la línea del destino dentro del cuadrángulo; el cuadrángulo del maestro debajo del dedo de Júpiter).

Mi suposición, mientras leía la mano de este hombre, fue que él era un maestro de algo, o estaba comerciando artículos que encontraba atractivos, posiblemente antigüedades.

En realidad, se había iniciado en la vida como profesor de secundaria y renunció a este trabajo al final de sus veintes para viajar por el mundo. Había encontrado difícil establecerse de nuevo, lo cual explicaba la interrupción de la mayoría de sus líneas principales al final de sus veintes. Ahora es un motivador que trabaja por su propia cuenta, y es perfectamente idóneo para este campo. La mano revela claramente su aptitud para tal ocupación:

Tiene un dedo de Júpiter pronunciado, que da un deseo de liderazgo, y también indica que él disfruta ser una persona consejera. Posee una buena línea del destino, que le da un sentido de dirección y propósito a su vida.

Tiene un dedo de Mercurio largo, que le da excelentes habilidades comunicativas, tanto verbales como escritas. Como orador profesional debe escribir sus discursos. También ha escrito un libro que vende después de sus charlas. Es extrovertido, entusiasta, y tiene mucha fortaleza y energía.

Posee el potencial para hacer mucho dinero, y esto se logra mejor trabajando por su propia cuenta. Es independiente, lo cual es necesario, ya que vive varios meses del año lejos de casa, presentando sus charlas en muchos países alrededor del mundo.

Esta lectura le da una idea de la profunda información que puede ser proveída con rapidez. Una lectura completa daría un análisis más extenso con mayores detalles. También podría ser mucho más específico en el tiempo, ya que podría usar divisores para medirlo con precisión. Este hombre era diestro, razón por la cual leí esta mano en particular. La izquierda habría sido mucho más informativa, ya que diría lo que él está pensando ahora, lo cual puede ser muy distinto a lo que está haciendo.

Una segunda lectura

La siguiente es otra lectura para una mujer de 36 años (figura 50). Su principal preocupación eran las relaciones amorosas. Había estado casada dos veces y también tuvo otra
relación que duró varios años. Ahora estaba sola y deseaba
saber cuándo entraría en su vida el hombre apropiado. Por
consiguiente, la lectura se enfoca en este aspecto de su vida.

Usted es propensa a ser sentimental (mano de agua).
*También tiende a preocuparse, y esto puede haber afec-
tado su salud en el pasado* (líneas de preocupación
cruzando la línea de la vida). *Aunque se preocupará en
el futuro, controlará mejor las situaciones. Esta es una
buena señal. Siempre ha sentido las cosas muy profun-
damente* (faja de Venus). *Esto no ha hecho fácil su vida,
en especial con lo que tiene que ver con las relaciones.*

*En este aspecto ha tenido más altibajos que la mayo-
ría de personas* (trenzado a lo largo de la línea del
corazón). *Tiene lo que se conoce como línea del corazón mental. Esto significa que necesita un compañero
que sea cariñoso, amable y le diga cuánto la ama. No le
gustan las personas vulgares y toscas, y es probable que
el hombre adecuado para usted sea fino y culto.*

Es propensa a ser demasiado idealista en ocasiones (la
línea del corazón es básicamente mental, pero una
línea fina se extiende bajo el dedo de Júpiter). *Esto hace
difícil para cualquiera cumplir sus expectativas. También
significa que quizás encontrará difícil cumplir las suyas.
Su línea del corazón se hace más fácil y por lo tanto su
vida se hará más tranquila.*

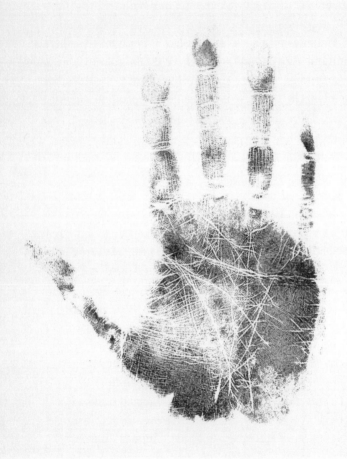

Figura 50: Impresión dos

Tiene buena inteligencia y excelente imaginación (la línea de la cabeza apunta hacia el monte de la Luna). *Usa bien su cerebro, pero sus emociones siempre vencen la lógica, y siempre será así. No hay nada malo al respecto, pero su vida sería más fácil si hace una pausa y medita las cosas antes de actuar.*

Tiene una marcada línea de la vida, y es afortunada porque posee una línea hermana que le da más fortaleza. Es como tener dos líneas de la vida, y en ocasiones ha necesitado eso, particularmente cuando las líneas de preocupación han atravesado dicha línea.

Siempre ha sido cautelosa, y parece que su educación, aunque íntima y amorosa, le dificultó lograr independencia (líneas de la cabeza y de la vida unidas al comienzo; la línea del destino inicia en la línea de la vida).

Su línea del destino ha cambiado de dirección varias veces, reflejando los cambios que han ocurrido en su vida. En la actualidad tienen una línea del destino doble, lo cual significa que está haciendo al menos dos cosas al mismo tiempo. Esto es como trabajar además de criar una familia. El solo hecho de que tenga una línea del destino, da dirección a su vida, así que va en el sentido correcto, aunque no se dé cuenta de eso en el momento. Su línea del destino se extiende mucho más allá de la línea del corazón, y significa que siempre será joven de corazón. En su interior nunca llegará a la mediana edad.

Tiene un pulgar testarudo, y creo que ha usado esto para hacer su voluntad en ocasiones. Simplemente se ha negado a ceder (pulgar inflexible, combinado con un dedo de Júpiter corto, dando una carencia de confianza y autoestima). *Esto puede ser útil, pero debe asegurarse de que es testaruda sólo cuando es absolutamente necesario. A veces es bueno ceder, en pos de la paz y la armonía. Este es el caso en las relaciones cercanas.*

Tiene lo que se conoce como meñique "caído". Significa que todo sale bien por un largo tiempo, y luego, de repente, todo sale mal, y debe trabajar duro para salir adelante. Podría decir que significa aprender de la forma difícil.

Tiene buenas habilidades de comunicación, particularmente en la escritura (falange media larga en el dedo de Mercurio). *A veces podría ser más fácil que colocara por escrito sus pensamientos y sentimientos, en lugar de expresarlos en voz alta. Podría tener talento para escribir poesía* (la mano es emocional).

Aprecia las cosas bellas que la rodean y trabaja mejor en ambientes agradables (falange media del dedo de Apolo). *También podría hacer dinero con las cosas que encuentra atractivas. En su caso, esto podría ser una forma de escritura.*

Tiene un fuerte y derecho dedo medio, pero su índice es más corto que el anular. Significa que no tenía confianza al comienzo de su vida. Esto puede haberla reprimido en ese momento, pero este dedo ahora es una bendición, pues significa que sabe cuándo detenerse. No exagerará las cosas; hará una pausa para descansar y relajarse a lo largo del camino. Sin embargo, empezar puede a veces ser la parte más difícil de todo el ejercicio (la sección lógica del pulgar más larga que la fuerza de voluntad).

Posee un anillo de Salomón alrededor de su dedo índice. Esto da un interés en el mundo psíquico. También tiene una marcada línea de intuición, y podría desarrollar mucho ese talento si lo desea. Creo que ya ha hecho buen uso de esta capacidad. Por ejemplo, podría analizar a las personas acabándolas de conocer, y sus primeras impresiones siempre son correctas.

Tiene una clara señal de dinero. No necesariamente refleja su situación actual. Al final de su vida no tendrá grandes preocupaciones por dinero.

Tiene varias líneas de inquietud bien marcadas en su mano. Éstas eran conocidas como líneas de viajes, y parece que varias veces en su vida ha querido alejarse de todo y viajar lejos a un lugar exótico. Ha hecho eso en su mente, pero también aparecen viajes reales. Parece que aprovecha al máximo cada viaje que hace (seis líneas de inquietud sumamente largas y claras), *pero luego quiere regresar a casa.*

Su línea de la salud es clara y está bien marcada. Es afortunada por tener una constitución fuerte. Aunque las preocupaciones sin duda han afectado su salud en el pasado, tendrán un rol menor en su futuro. Parece que pondrá más atención al bienestar físico, y esto también juega un papel clave para tener una buena salud.

En muchas formas, está en un momento de cambio en su vida. La peor preocupación sucedió hace como un año (la línea de preocupación que cruza la línea de la vida a la edad de 35 años). *De nuevo se encuentra en equilibrio* (línea del destino clara) *y emocionalmente su vida se hace mucho más tranquila* (ahora ella está

justo después de la peor isla en la línea del corazón).
No creo que esté lista para una nueva relación, pero esa
persona no está lejos. Me parece que pasará un tiempo
para que la relación se desarrolle a plenitud. Usted será
muy prudente, lo cual no es sorprendente al mirar el
pasado en su línea del corazón. Sin embargo, valdrá la
pena esperar. Puedo ver mucha felicidad en su futuro.

Lo anterior le da una idea de la cantidad de información
que puede obtenerse con sólo una lectura rápida.

Practique haciendo lecturas cortas. Encontrará que la
mayoría de personas estarán encantadas por mostrarle las
manos. Aprenderá algo de cada mano que observe, y tendrá una oportunidad interminable de hacer que las personas se sientan bien consigo mismas y con sus vidas.

12

Las impresiones palmares

Es simple hacer impresiones palmares, y son útiles de varias formas. Podrá apreciar cómo las manos cambian durante un período de tiempo. Yo tomé impresiones de las manos de mis hijos mientras crecían, y es fascinante ver sus diferentes intereses reflejados en las palmas a una edad temprana. Fue interesante observar cómo variaban mientras crecían y a medida que sus intereses cambiaban.

Las características de la salud son examinadas con mayor claridad por medio de una impresión palmar, que analizando la mano en forma directa. También puede medir el tiempo con mejor precisión. Poco a poco acumulará una colección de diferentes impresiones que puede examinar a manera de referencia.

Puede hacer investigaciones originales. Tal vez encuentre una marca rara en la mano sin saber qué significa. Podría revisar su colección de impresiones para ver si alguien más tiene la misma formación. Esta es una excelente forma de aprender y adicionar algo valioso al arte de la lectura.

Con frecuencia tomo fotocopias de las manos de las personas. Son muy buenas para examinar las líneas, las marcas protuberantes de la piel y otras formaciones, pero no son perfectas por la distorsión inevitable que sufre la impresión. Aún prefiero tomar impresiones palmares cuando es posible.

Para hacerlo, debe conseguir un rodillo de tinta y un tubo de tinta negra de base de agua. Prefiero la negra en lugar de la azul, y de base de agua por la facilidad al limpiarse. También he utilizado lápiz labial para realizar las impresiones palmares.

La tinta para huellas dactilares crea las mejores impresiones, pero su composición es aceitosa y es mucho más difícil de remover. Antes la usaba todo el tiempo, pero ahora sólo lo hago cuando tomo impresiones de alguien famoso, o voy a hacer una lectura para una persona con características poco comunes en sus manos.

Todos estos materiales son fáciles de adquirir. Yo utilizo un rodillo de cuatro pulgadas de ancho porque los más pequeños dejan marcas de los bordes en la impresión.

También necesitará papel bond de buena calidad y una superficie ligeramente esponjosa para hacer la impresión. Solía utilizar el cojinete de goma de las máquinas de escribir antiguas, pero hace muchos años lo cambié por paños de cocina de una pulgada de espesor.

Coloque el papel sobre los paños de cocina. Exprima una pequeña cantidad de tinta sobre un vidrio o papel bond. Pásele el rodillo hasta que esté cubierto por una capa uniforme de tinta.

Pídale a la persona que remueva las joyas de los dedos, y luego tome sus manos. Comenzando desde el extremo de la muñeca, cubra las palmas con una fina capa de tinta. Esto se hace mejor usando pasadas largas y uniformes del rodillo. Algunas personas tienen un área profunda en el centro de la palma, y tal vez deba usar movimientos cortos y finos para asegurar que toda la palma sea cubierta por igual.

La persona deberá sostener las manos en forma natural al momento de presionarlas sobre la hoja de papel. Al terminar, presiónele suavemente el dorso de las manos para asegurar que el centro de la palma deje una impresión clara sobre el papel.

Sujete cada extremo del papel y haga que la persona levante las dos manos verticalmente. Esto revela la impresión y la calidad del resultado.

Si el centro de la palma no ha quedado impreso, hágalo de nuevo. Esta vez, después de poner las manos de la persona sobre la hoja de papel, levántelas con el papel aún pegado. Puede presionar con suavidad la hoja en el centro de las palmas, antes de despegarla.

Siempre tomo una impresión separada de los pulgares. Esto se debe a que en una impresión palmar sólo queda impreso el lado del pulgar, y es bueno tener un registro del dedo completo.

Por lo general los interesados se apropian de sus impresiones, por lo que solicito si puedo hacer una segunda impresión para guardarla en mis archivos. A veces alguien se niega, pero la mayoría de personas se sienten alagadas de que yo quiera tener una copia de sus impresiones en mi colección.

Las impresiones son clasificadas y archivadas, y tomo los apuntes necesarios como referencia en un futuro. Por ejemplo, uno de los montes puede ser muy alto, pero esto puede no ser aparente en la impresión palmar.

Algunos quirománticos toman nota de la temperatura de la mano, la cantidad de vello en el dorso, la blandura y firmeza de la mano, etc. Una vez lo hice, pero ahora sólo registro aspectos que considero importantes para cada persona.

Las impresiones son archivadas en orden alfabético. Algunos utilizan otros sistemas de clasificación basados en diferentes características de la mano. Esto puede ser útil para propósitos de investigación, pero puede hacer difícil localizar una impresión en particular. Archivándolas alfabéticamente, puedo encontrar las impresiones del consultante cuando regresa por otra lectura. Encuentro fascinante ver cómo las manos cambian de una visita a otra. A veces, pueden ocurrir cambios dramáticos en pocos meses.

Se requiere de práctica para ser experto en tomar impresiones palmares. Una vez que tenga la habilidad, logrará impresiones perfectas casi siempre. Es más fácil tomar la impresión de una mano a la vez. Yo prefiero las dos manos a la vez en la misma hoja de papel.

13

Conclusión

Ahora tiene todas las bases de la quiromancia a su disposición. Tomará tiempo asimilar esta información, pero la mejor forma de aprender es observar la mayor cantidad de manos posible. Compare las palmas de parejas casadas. Vea si puede examinar las manos de tres o cuatro generaciones de una familia. Compare las de un grupo de amigos, buscando similitudes y diferencias. No tema hacer preguntas.

Lea todo lo que pueda sobre el tema. Tengo más de cuatrocientos libros de quiromancia en mi biblioteca personal, y todavía compro muchos libros nuevos que son publicados sobre este arte. He estado involucrado en la quiromancia durante más de cuarenta años, pero aún sigo aprendiendo. No estoy de acuerdo con todo lo que leo, pero diferentes puntos de vista hacen que reexamine las cosas y quizás las vea con una perspectiva distinta.

Encontrará que la mayoría de personas se emocionan al mostrarle las manos. La quiromancia es una forma maravillosa de hacer nuevos amigos. Le ayudará a entender las motivaciones de otra gente, además de las suyas, y podrá ayudar a muchas personas con su nueva habilidad.

Espero que la quiromancia le fascine el resto de su vida.

Notas

Introducción

1. Cada referencia hecha en la Biblia sobre la quiromancia es favorable: "y dijo, ¿por qué persigue así mi señor a su siervo? ¿Qué he hecho? ¿Qué mal hay en mi mano?" (1 Samuel 26:18); "largura de días está en su mano derecha; y en su izquierda, riquezas y honra" (Proverbios 3:16); "he aquí que en las palmas de las manos te tengo esculpida; delante de mí están siempre tus muros" (Isaías 49:16).

2. Adolphe A. Desbarrolles, *Révélations complètes* (Paris: Vigot frères, 1859. Reimpreso en 1922).

3. Casimir Stanislaus d'Arpentigny, *La chirognomie, ou l'art de reconnaître les tendances de l'intelligence d'après les formes de la main* (Paris: Charles le Clere, 1843). Mis amigos me dieron una copia de la primera traducción inglesa de este libro en una Navidad. El título en inglés es *The Science of the Hand*, traducido por Ed. Heron-Allen (London: Ward, Lock and Bowden, 1865).

Capítulo Uno

1. George Muchary, *Traite complet de la chiromancie deductive et experimental* (Paris: Editions du Chariot, 1958).

Capítulo Dos

1. Richard Webster, *Revealing Hands* (St. Paul: Llewellyn Publications, 1994), p. 87.

Capítulo Tres

1. William G. Benham, *The Laws of Scientific Hand Reading* (New York: Duell, Sloan and Pearce, 1900), p. 380.

2. Adolphe Desbarrolles, *Les Mystères de la main* (Paris: Garnier frères, 1859).

3. Desbarrolles, *Révélations complètes*.

4. Henri Mangin, *La Main, miroir du destin* (Paris: Ediciones Fernand Sorlot, 1939).

Capítulo Cuatro

1. Comte C. de Saint-Germain, *The Practice of Palmistry for Professional Purposes*. Este libro fue publicado originalmente en 1897, y aún está disponible en muchas ediciones. Considero que es uno de los peores libros sobre quiromancia.

Capítulo Seis

1. Benham, *The Laws of Scientific Handreading*; William Benham, *How to Choose Vocations from the Hand* (reimpreso por Sagar Publications, New Delhi, 1974).

Capítulo Nueve

1. James S. Thompson and Margaret W. Thompson, *Genetics in Medicine* (Philadelphia: W. B. Saunders Company, 1966), p. 244.

2. Harold Cummins, M.D., and Charles Midlo, *Finger-prints, Palms and Soles* (New York: Dover Publications, 1943).

3. Beryl Hutchinson, *Your Life in Your Hands* (London: Neville Spearman Limited, 1967), p. 110.

Capítulo diez

1. Hay muchos libros médicos serios que tratan los derma-toglíficos (el estudio de las marcas protuberantes en la piel). Uno de los más accesibles es *Dermatoglyphics in Medical Disorders,* de Blanka Schaumann y Milton Alter (New York: Springer-Verlag, 1976). Un libro sobre quiro-mancia médica escrito para el público en general es *Medical Palmistry: Health and Character in the Hand,* de Marten Steinback (Secaucus, NJ: University Books, 1975).

2. Charles Dickens, *David Copperfield* (publicado por pri-mera vez en 1850; numerosas ediciones disponibles).

Glosario

Arco. Es uno de los tres tipos principales de patrones de huellas dactilares.

Dedos nudosos. Este es un término usado para describir dedos con nudillos prominentes.

Dedos parejos. Aquellos que no tienen articulaciones prominentes, y se ven parejos en toda su longitud.

Espiral. Es una marca protuberante que parece una serie de círculos concéntricos. Es uno de los tres principales tipos de patrones de huellas dactilares, y también se encuentra en lazos sobre la superficie de la palma.

Faja de Venus. La faja de Venus es una línea, o serie de líneas, que avanza paralela a la línea del corazón, entre dicha línea y los dedos. Quienes tienen esta formación son muy sensibles.

Falange. Sección de un dedo.

Lazo. Es una marca protuberante, de forma ovalada o redonda, encontrada en la palma de la mano.

Línea de la cabeza. Una línea que atraviesa la palma, comenzando cerca o junto a la línea de la vida. La calidad de esta línea revela el intelecto y la forma de pensar de la persona.

Línea de la vida. Es la línea que rodea el pulgar, y revela la energía y vitalidad de la persona.

Línea del corazón. Es la línea principal que atraviesa la palma cerca a los dedos. Revela la vida emocional de la persona.

Línea del destino. Una línea que avanza desde la base de la palma hacia los dedos. Da un sentido de dirección a la vida de la persona.

Montes. Hay nueve montes en la mano, que reciben el nombre de los planetas. Usualmente son áreas elevadas sobre la superficie de la palma. La calidad y cantidad de ellos revela los intereses de la persona.

Percusión. Término usado para describir el borde de la palma que va desde el dedo meñique hasta la muñeca.

Pliegue símico. El pliegue símico (a veces llamado línea símica) ocurre cuando las líneas de la cabeza y el corazón se convierten en una sola línea que atraviesa la palma.

Rascettes. Son las líneas que cruzan la muñeca en la base de la mano. Usualmente hay tres. En el pasado, los gitanos decían que cada una representaba 25 años de vida.

Trirradio. Es una pequeña forma triangular formada por marcas protuberantes en la piel. Frecuentemente se asemeja a una estrella de tres puntas.

Lecturas sugeridas

Altman, Nathaniel. *The Palmistry Workbook*. Northamptonshire, UK: Aquarian Press, 1984.

Altman, Nathaniel y Andrew Fitzherbert. *Career, Success, and Self-Fulfillment*. Northamptonshire, UK: Aquarian Press, 1988.

Aria, Gopi. *Palmistry for the New Age*. Long Beach, CA: Morningland, 1977.

Asano, Hachiro. *Hands: The Complete Book of Palmistry*. Tokyo: Japan Publications, 1985.

Bashir, Mir. *How to Read Hands*. London: Thorsons Publishers, 1955.

———. *The Art of Hand Analysis*. London: Frederick Muller, 1973.

Benham, William G. *The Laws of Scientific Handreading*. New York: Duell, Sloan & Pearce, 1900. Publicado una vez más como *The Benham Book of Palmistry*. Van Nuys, CA: Newcastle Publishing, 1988.

———. *How to Choose Vocations from the Hand*. New York: Knickerbocker Press, 1901.

Brandon-Jones, David. *Practical Palmistry*. London: Rider & Co., 1981.

Brandon-Jones, David y Veronica Bennett. *Your Palm: Barometer of Health*. London: Rider & Co., 1985.

———. *The Palmistry of Love*. London: Arrow Books, 1980.

———. *Your Hand and Your Career*. London: Arrow Books, 1980.

Brenner, Elizabeth. *The Hand Book*. Millbrae, CA: Celestial Arts, 1980.

———. *Hand in Hand*. Millbrae, CA: Celestial Arts, 1981.

Chawdhri, L. R. *A Handbook of Palmistry*. New Delhi, India: Hind Pocket Books, 1980.

Cummins, Harold y Charles Midlo. *Fingerprints, Palms and Soles*. New York: Dover Publications, 1943.

Domin, Linda. *Palmascope: The Instant Palm Reader*. St. Paul, MN: Llewellyn Publications, 1993. Disponible en español: *Interprete sus manos*.

Dukes, Shifu Terence. *Chinese Hand Analysis*. York Beach, ME: Samuel Weiser, 1987.

Fenton-Smith, Paul. *Palmistry Revealed*. East Roseville, Australia: Simon & Schuster Australia, 1996.

Fitzherbert, Andrew. *Hand Psychology*. London: Angus & Robertson, 1986.

Galton, Francis. *Fingerprints*. New York: Da Capo Press, 1965.

Gettings, Fred. *The Book of the Hand*. London: Paul Hamlyn, 1965.

———. *The Book of Palmistry*. London: Triune Press, 1974.

———. *Palmistry Made Easy*. London: Bancroft & Co., 1966.

Hipskind, Judith. *The New Palmistry*. St. Paul, MN: Llewellyn Publications, 1994.

———. *Palmistry: The Whole View*. St. Paul, MN: Llewellyn Publications, 1977.

Hutchinson, Beryl. *Your Life in Your Hands*. London: Neville Spearman, 1967.

Jaegers, Beverly C. *You and Your Hand*. Cottonwood, AZ: Esoteric Publications, 1974.

Lawrance, Myrah. *Hand Analysis*. West Nyack, NJ: Parker Publishing, 1967.

Luxon, Bettina y Jill Goolden. *Your Hand: Simple Palmistry for Everyone*. London: William Heinemann, 1983.

Masters, Anthony. *Mind Map*. London: Eyre Methuen, 1980.

Nakagaichi, Mila. *Palmistry for the Global Village*. Tokyo: Tachibana Shuppan, 1998.

Newcomer-Bramblett, Esther. *Reading Hands for Pleasure or Profit*. Austin, TX: Woods Publications, 1982.

Nishitani, Yasuto. *Palmistry Revolution*. Tokyo: Tachibana Shuppan, 1992.

Sherson, R. *The Key to Your Hands*. Auckland, New Zealand: Mystical Books, 1973.

Squire, Elizabeth Daniels. *Palmistry Made Practical*. New York: Fleet Press, 1960.

Webster, Richard. *Revealing Hands*. St. Paul, MN: Llewellyn Publications, 1994.

West, Peter. *Life Lines: An Introduction to Palmistry*. Northamptonshire, UK: Aquarian Press, 1981.

Wilson, Joyce. *The Complete Book of Palmistry*. New York: Bantam Books, 1971.

Libros fuera de publicación que vale la pena conseguir:

d'Arpentigny, Casimer Stanislaus. *The Science of the Hand*. Translated by Ed. Heron Allen. London: Ward, Lock & Bowden, 1865.

Frith, Henry. *Palmistry Secrets Revealed*. London: Ward Lock & Co., 1952.

———. *Practical Palmistry*. London: Ward Lock & Co., n.d.

Jaquin, Noel. *The Hand Speaks*. London: Lyndoe & Fisher, 1941.

———. *The Human Hand: The Living Symbol*. London: Rockliff Publishing, 1956.

———. *Scientific Palmistry*. London: Faber & Faber, n.d. Reprint, New Delhi: Sagar, 1967.

———. *The Hand of Man*. London: Faber & Faber, 1933.

———. *Hand-Reading Made Easy*. London: C. Arthur Pearson, 1928.

———. *The Signature of Time*. London: Faber & Faber, 1950.

St. Hill, Katherine. *The Book of the Hand*. London: Rider & Co., 1927.

———. *Grammar of Palmistry*. London: Sampson, Low, Marston & Co., 1893.

Spier, Julius. *The Hands of Children*. London: Routledge & Kegan Paul, 1955. Reprint, New Delhi: Sagar, 1973.

Wolff, Charlotte. *The Human Hand*. London: Methuen & Co., 1943.

———. *The Hand in Psychological Diagnosis*. London: Methuen & Co., 1971. Reprint, New Delhi: Sagar, 1972.

Índice

A

amor, 9, 96, 127, 130, 159, 163–164,
  169–182
ángulo de lo práctico, 115
ángulo del tiempo, 115
ángulo del tono, 115
anillo de Salomón, 80, 82–83, 199
anillo de Saturno, 83
ápice, 133, 156–159, 166
arco, 88, 100–101, 103, 153, 155, 211
arco en forma de tienda, 155
Aristóteles, xiv

B

Benham, William, 125, 208
Biblia, xiv, 207
bifurcación del escritor, 41, 43
brazaletes, 83

C

cadena familiar, 80, 85
carreras, 62, 85, 95, 115, 131, 162,
  180–181
Carus, Carl Gustav, xv
Cheiro, 75, 125
círculo, 73, 145, 150
color, 1, 3–4, 105, 186
compatibilidad, 34, 130, 176–178
comunicación, 9, 95, 111–112,
  128–130, 178, 191, 198
consistencia, 2–3
creatividad, 9, 26, 81, 110, 128, 130,
  133, 154, 159, 191

cruces, 38, 138, 143, 145, 147–148
cruz mística, 140
cuadrado maestro,
cuadrado protector, 55, 144
cuadrados, 54, 64, 138, 143–145, 179
cuadrángulo, 135–141, 148, 166, 190,
  193
cuatro cuadrantes, 22, 24–26
  activo–exterior, 24
  activo–interior, 26
  pasivo–exterior, 24
  pasivo–interior, 26, 39, 60
cuevas de Santander, xiii
Cummins, doctor Harold, 151, 209

D

d'Arpentigny, Casimir Stanislas, 12,
  15, 18, 22, 95, 116, 207
dedo(s), 3, 5–7, 9, 12, 15, 18, 22, 24,
  26, 28, 31, 34–37, 39, 47, 56, 62,
  71, 73, 76–77, 79, 82–88, 93–119,
  121, 124, 126–132, 151–160, 162,
  166, 172, 175–176, 178, 185–186,
  188, 190–195, 197–199, 203,
  211–212
dedo de Apolo, 73, 107, 110–111, 113,
  127–128, 152, 154–156, 158–159,
  191–192, 198
dedo de Júpiter, 47, 73, 76, 105–110,
  114, 124, 127, 131, 152, 154–155,
  158, 176, 186, 190, 193–195, 197
dedo de Mercurio, 73, 86–87,
  111–113, 124, 129, 153–156, 159,
  178, 185, 188, 190–191, 194, 198

dedo de Saturno, 76, 108–110, 126–128, 152, 154–156, 158–159, 176, 191

dedo del sacrificio, 113

dedos cortos, 5–7, 9, 12, 94, 175

dedos largos, 6–7, 9, 18, 93–94, 175, 188, 192

dedos medianos, 6

dedos nudosos, 99–100, 211

dermatoglíficos, 152, 160, 209

Desbarrolles, Adolphe, xiv, 73, 208

dinero, 84–85, 104, 113, 128, 136, 140, 149, 158–159, 171–174, 180–181, 192, 194, 198–199

  ganado, 174

  heredado, 172

  triángulo, 192

discontinuidades, 38, 51, 82, 171

Doble línea del destino, 63

E

espirales, 152–154

estigmas médicos, 80, 84–85

estrella, 145, 149, 156, 181, 212

éxito, 9, 15, 26, 29, 54, 58–59, 67, 76–77, 82–83, 94, 105, 111, 114, 126, 129, 132, 138–139, 141, 148–150, 153–154, 180–182

F

faja de Venus, 79–80, 195, 211

falanges, 0, 97, 99–100, 106, 109, 111–112, 116–117, 172, 178–179

Faulds, doctor Henry, 151

felicidad, 169–182, 200

filosofía, 7, 62, 94, 105–106, 126–127, 155, 158, 164, 192

flexibilidad, 3, 102

fuerza de voluntad, 113, 116, 174, 179, 189, 198

G

Galton, Sir Francis, 151

gitanos, 74, 83, 212

gran triángulo, 140–141

H

hacer impresiones, 201

hepática, 80–82, 138, 140, 148, 171

hijos, 47, 80, 87, 181, 201

huellas dactilares, 133, 151–154, 202, 211

Hutchinson, Beryl, 157, 209

I

impresiones palmares, 166, 201–204

India, 30, 58, 75, 77, 113, 140, 162, 214

intuición, 7, 65–67, 80, 88–89, 97, 100, 102, 133, 192, 199

islas, 38, 51, 82, 145, 148, 171

J

Jung, Carl, 76

K

Kennedy–Galton Center, xv

L

lazo(s), 85, 152–153, 160–167, 211

lazo de la inspiración, 161, 163–164

lazo de la memoria, 161, 165

lazo de la música, 161, 163, 166

lazo de la música de cuerda, 161, 166

lazo de la naturaleza, 164

lazo de la respuesta, 161, 163

lazo de la vanidad, 160

lazo del buen propósito, 162

lazo del ego, 160–161

lazo del humor, 160–161

lazo del rajá, 161–162

lazo del recuerdo, 161, 166

lazo del sentido común, 161–162

lazo del valor, 161–162, 167

lazo humanitario, 161, 165

lazo ulnar, 161, 164

línea de Apolo, 82

línea de comprensión, 80, 83

línea de intuición, 80, 88–89, 192, 199

línea de la cabeza, 29–30, 39–42, 44–45, 56, 67, 70–71, 82, 89, 111, 131, 150, 165–166, 174, 179, 188, 190, 192, 197, 211

línea de la salud, 81–82, 138, 171, 193, 199

línea de la vida, 29–30, 41, 45, 47–51, 54, 56, 60–61, 64, 71–77, 81–82, 116, 124, 130–131, 143–144, 148–150, 162, 171–172, 178, 188–189, 193, 195, 197, 199, 211–212

línea de Marte, 51–52

línea de Mercurio, 81

línea del corazón, 29–38, 56, 62, 67, 69, 73, 79, 81, 86–87, 89, 139, 144, 148, 150, 170, 175–177, 186, 193, 195, 197, 200, 211–212

física, 31–32, 176–177

mental, 31, 33, 177, 195

línea del destino, 29–30, 56–64, 67–69, 82, 89, 138–140, 147–148, 150, 165, 181, 189–190, 192–194, 197, 199, 212

línea del hado, 59

línea del Sol, 80, 82, 182

línea hermana, 51–52, 197

línea símica, 89, 212

líneas de agotamiento, 97–98

líneas de estrés, 97, 99, 170, 192

líneas de inquietud, 88, 193, 199

líneas de preocupación, 51, 53–54, 100, 171, 188, 195, 197

líneas de relaciones, 80, 86–87, 175–176

líneas de satisfacción sexual, 122, 170

líneas del matrimonio, 86

líneas samaritanas, 85

líneas secundarias, 64, 79–91, 140, 144, 146–149, 172, 174, 185

lógica, 7, 89, 96, 100, 113, 116, 135, 174, 179, 189, 192, 197–198

M

Magno, Alejandro, xiv

manchas, 150

Mangin, Henri, 76, 208

mano burda, 27

mano combinada, 18, 22–23

mano cónica, 15, 19

mano de agua, 9, 13, 18, 195

mano de aire, 7, 10, 186

mano de fuego, 9, 11

mano de tierra, 7–8, 15

mano espatulada, 15, 17

mano filosófica, 18, 21

mano fina, 27

mano práctica, 12, 15–16

mano psíquica, 18, 20

mano rudimentaria, 12, 14

marcas, 138, 143–167, 179–180, 185, 202, 209, 212

matrimonio, 86, 184

medida del tiempo, 65–77

Midlo, Charles, 152, 209, 214

monte(s), 24, 26, 50, 82–83, 88, 116, 119, 121–134, 144, 146–150, 156–158, 160, 162–166, 170–171, 175–177, 182, 185, 189–190, 197, 204, 212 monte de Apolo, 82, 123, 128, 130, 147, 150, 160

monte de Júpiter, 82, 123–124, 126, 144, 147–149, 157–158, 165

monte de la Luna, 26, 88, 123–124, 133, 147, 156, 164–165, 197

monte de Marte, 123–124, 131–132, 162

   Marte externo, 123–124, 131–132

   Marte interno, 123–124, 131

monte de Mercurio, 123–124, 129, 147–148

monte de Neptuno, 123–124, 134, 156, 163

monte de Saturno, 83, 123, 127, 147

monte de Venus, 24, 50, 116, 122–123, 130–131, 144, 146, 149, 163, 166, 170–171, 175–177, 190

Muchary, George, 22, 207

N

nudos de orden material, 100

nudos de orden mental, 100

P

palma cuadrada, 4, 7, 12

palma rectangular, 5, 9

Palmas carnosas, 26

percusión, 136, 212

plano de Marte, 88, 132

postura de la mano, 28

pulgar, 3, 22, 24, 26, 39, 47, 49–51, 63, 71, 73–74, 77, 84–85, 113–119, 122, 124, 126, 130–133, 153–156, 158, 162–163, 167, 174, 176, 179, 185, 189–190, 197–198, 203, 212

pulgar de asesino, 118–119

puntos, 34, 102, 104–105, 139, 150, 154, 205

R

rascettes, 80, 83–84, 212

rejas, 143, 145–146, 179

religión, 62, 106, 127, 192

riqueza, 169–182, 184

S

salud, 3, 7, 47, 50–51, 54, 81–82, 99, 105, 138, 140, 169–182, 184, 193, 195, 199, 201

síndrome de Down, 91, 151, 164

sistema de d'Arpentigny, 18, 22

Spier, Julius, 76–77

T

textura, 1–3, 185

triángulos, 149, 156, 179

tridente, 38

trirradio, 156–159, 212

U

uñas, 102, 104–105

V

vello, 27, 204

vía lasciva, 80, 84

viajes, 9, 80, 87–88, 133, 193, 199

LLEWELLYN ESPAÑOL

MANTÉNGASE EN CONTACTO...

Visítenos a través de Internet, o en su librería local,
donde encontrará más publicaciones sobre temas relacionados.

www.llewellynwespanol.com

CORREO Y ENVÍO

✔ $5 por ordenes menores a $20.00
✔ $6 por ordenes mayores a $20.01
✔ No se cobra por ordenes mayores a $100.00
✔ En U.S.A. los envíos son a través de UPS. No se hacen envíos a Oficinas Postáles.
Ordenes a Alaska, Hawai, Canadá, México y Puerto Rico se envían en 1ª clase.
Ordenes Internacionales: *Envío aéreo*, agregue el precio igual de c/libro al total del valor ordenado más $5.00 por cada artículo diferente a libros (audiotapes, etc.).
Envío terrestre, agregue $1.00 por artículo.

ORDENES POR TELÉFONO

✔ Mencione este número al hacer su pedido: **0-7387-0396-6**
✔ Llame gratis en los Estados Unidos y Canadá al teléfono:1-877-LA-MAGIA.
En Minnesota, al (651) 291-1970
✔ Aceptamos tarjetas de crédito: VISA, MasterCard y American Express.

OFERTAS ESPECIALES

✔ 20% de descuento para grupos de estudio. Deberá ordenar por lo menos cinco copias del mismo libro para obtener el descuento.

4-6 semanas para la entrega de cualquier artículo. Tarifas de correo pueden cambiar.

CATÁLOGO GRATIS

Ordene una copia de Llewellyn Español. Allí encontrará información detallada de todos
los libros en español en circulación y por publicarse. Se la enviaremos a vuelta de correo.

LLEWELLYN ESPAÑOL

P.O. Box 64383, Dep. 0-7387-0396-6
Saint Paul, MN 55164-0383
1-877-526-2442